펜티

┌─────────┐
│ 인지   │
│ 생략   │
└─────────┘

들꽃산문선 8
펜티

지은이/박정례
펴낸이/문창길
초판인쇄/2024년 02월 25일
초판펴냄/2024년 02월 28일
펴낸곳/도서출판 들꽃
주 소/04623 서울 중구 서애로 27(필동3가) 서울캐피탈빌딩 B202호
전 화/02)2267-6833, 2273-1506
팩 스/02)2268-7067
출판등록/제2-0313호
E-mail:dlkot108@hanmail.net

값 13,000원
*파본된 책은 바꾸어 드립니다.

ISBN 978-89-6143-236-8 03810

박정례ⓒ2024

들꽃산문선 _8

팬티

박정례 수필집

| 자서 |

 2022년 9월 15일 익산 원광대학교 응급실에서 홍종태님이 세상을 떠나셨습니다. 홍종태님은 박정례 남편입니다. 홍종태님이 모아 놓은 돈으로 장례는 잘 끝내고 돈이 조금 남았습니다. 홍종태님의 부인인 박정례에게는 비 새는 초라한 집 한 채를 주고 남은 돈은 자식들이 모두 나누어 갔습니다.

 저는 눈이 안 보이고, 귀도 먹고, 허리도 구부러지고, 잘 걷지도 못합니다.

 〈펜티〉라는 제목의 산문집 원고를 출판사에 보냈습니다. 저는 이제 지우겠습니다. 떠내려가는 강물에게 띄우고, 흘러가는 구름에게 띄우고…

잘 가라 안녕!
별 하나 엄마 별
별 둘 아들 별
별 두 점이 잠든 밤에

박정례 씀

| 차례 |

자서 _5

제1부 여실(실제)

2018년 9월이 가기 전에 타이완 가는 비행기를 타고 …… _10
타이완(대만) _12
국민연금 _16
국세청 성동세무서장님 귀하 _20
친정 어머님! 그리고 외손자 외손녀 _21
익산 구시장 경희한의원 _25
나는 글을 내 마음대로 내 생각대로 쓸수가 없다 _30
황반변성 _33
익산사 익산 원광대학교 병원 응급실 _36
근조 _39
이상한 일 _41
진주 _42
서울 상암동 쓰레기 직장 _44
인연으로 맺은 언니 _50
아들은 아들이기 전에 친구입니다. _52
600kg의 대포알 _53
매춘 _56
다시 시작되는 선생님과 제자 _57
일인자의 욕심 _60
고속버스 기사님! _62
엄마의 이력서 _65
펜티 _66

서울대병원 류마티스과 _67
외할머니와 외손자 _71
소원 _73
매일 맞는 매 _74
자백 _77
그 많은 돈! _79
각혈이 모자란 사람에게 수혈은 누가 했을까 … _81
피를 흘리면서 따라다니는 그림자 _84
몹시 서운했던 3개의 학교 _87

제2부　期旅路

부두 _90
그 남자 _95
은희의 꿈 _105
파도와 죽음 _107
춤추는 무당(천도제) _109
이사 _120
전북 익산시 이일여고 _136
성악공부 _138
서울 이화여자대학교 음대 성악시험 그 날 _139
익산 봉동 백제예술대학 _141
결혼 _142
수희 아버지(고종하) 상봉 _143
교통사고 _145

음대 교수님과 통화 _147
쓰레기 직장 _148
남양주 찜질방 사건 _151
빗속의 여인 _154
15년 - _155
기여로期旅路 _156
펜티 후기 _158

제1부 여실(실제)

2018년 9월이 가기 전에 타이완 가는 비행기를 타고 복지관에 보내는 글

    출발 시간이 9월 28일 오전 11시입니다. 도시락 배달에 불참을 드려서 미안합니다. 다름이 아니라 집안에 갑자기 일이 있어 10월 1일부터 노노케어를 그만 두려고 합니다. 막상 그만 두고 나니 서운하기 그지없습니다. 정들었던 친구분님 모두들 안녕히 계십시오.
    그리고 저를 정답게 대해주시고 챙겨주셨던 제 짝인 김삼례 형님께 미처 인사 올리지 못해서 죄송합니다. 세월이 가도 형님의 다정하신 그 모습은 많이 보고 싶을 것 같습니다. 아프지 말고 오래 오래 사셔서 다시 만날 날을 기약하고 건강하게 지내시기를 바랍니다.

    복지관에서의 일입니다. 마음이 고와서 앉은 자리를 매번 내어주신 박문자 여사님 귀하신 몸인데도 그 마음이 착해서 눈에 아른거립니다. 서로 서로 챙겨주시고 만나면 인사하고 악수하고, 집에서 복지관 가는 발걸음은 가볍고 즐거웠습니다. 언제 봐도 우리를 예쁘게 봐주신 노노케어 담당 선생님께서는 우리의 이유를 차분히 들어주시어 잊을 수 없습니다.
    가을이 성큼 온것을 보니 옛 추억이 되살아 납니다. 사르륵! 사르륵! 낙엽 향기를 조용히 밟으며 대학로 길을 친구하고 걸었는데 사랑하는 친구는 하늘나라로 가버렸습니다. 보고 싶지만 어쩔수 없습니다. 저는 이 시각 하늘에 떠 있는 비행기 안에서 정다웠던 복지관의 풍경을 한샘한샘 그립니다. 영원히 기억에서 살아 있을 것입니다.

  책을 선생님께 드리겠습니다. 책을 만들 때 한번에 2천권이 나온다는 말은 출판사 사장님이 하셨습니다. 유통은 출판사 사장님이 하시고, 나한테는 50권 주셨습니다. 이 중 48권은 캠퍼스 총장님께 손수 가서 책을 드리고 별두점한테 기도 한 번 부탁하고, 우리나라 대학 일대를 뒤적였습니다. 책값은 사양하구요.

  노노케어 선생님 혹 시간이 나시면 보시고, 마지막장 덮을 때 별두점한테 예수님! 믿고 병 고치라고 기도 한번만 해 주세요.

  어떻게 살 것인지…

  언제 조국에 올 것인지 기약이 없습니다.

  노노케어 선생님께서는 꽃다운 청춘입니다. 언제 어디서나 기쁜 마음으로 지내세요. 복지관의 발전을 기원 합니다

2018년 그 해 9월이 가기 전에
박정례

타이완(대만)

대만은 주요 관광지입니다. 대만은 인성교육이 참으로 대단합니다. 큰 도로는 16차선이고 양 옆으로는 좁은 행길이 있습니다. 도보(걸어다니는 사람들)는 언제나 밀리고 막힙니다. 내가 카트를 끌고 가면 양 옆으로 비킵니다. 그리고 공손히 절을 합니다. 나 역시도 공손히 절을 합니다.

어느날!
마트에서 물건을 사서 카트에 실고 집으로 오는 길이었고 옆쪽에는 16차선이고 (블랙)인 골목길에서 카트 바퀴가 고장이어서 바퀴에 힘을 주고 요리저리 해봤으나 바퀴는 전혀 굴러가지 않고 또 요리저리 해봐도 바퀴는 꿈쩍도 안합니다. 이때 커브 길을 들어오는 오토바이 한대가 급히 정지를 했고, 내 카트 바퀴를 안간힘으로 고쳐주고는 두 손을 공손히 내밀면서 절을 하고 다시 오토바이를 타고 16차선으로 들어가 달립니다. 19세쯤 보이는 젊은이였고, 그 젊은이를 눈에 새기면서 집으로 올 때까지는 카트는 고장이 없었습니다.

어느 비오는 날!
나는 허리가 구부러져서 카트에 양팔을 얹고 비를 맞으며 걸어가고 있었습니다. 나는 우산을 쓰고 카트를 끌고 가는 일이 거북해서 비오는 날에는 비를 맞고 카트에 의지하는 습성이라 이 날도 마트를 가려고 했던 날이었습니다. 누군가가 내 몸 전체를 우산으로 받쳐주는 그 분을 보니 50세 초반쯤 되는 남자 분이었습니다. 큰 사거리 신호등을 건너서 다시 길을 걸었습니다. 우산을 받쳐준 그 분은 우산을 저에게 주었습니다. 한사코 거절했으나 우산을 내 손에 쥐어주고 아직도 꺼지지 않은 신호등을 빠른 속도로 오던 길을 뛰어 갔고, 나는 우산을 돌려주려고 카트를 돌리는 순간 빨간불이 켜져서 그분을 놓쳤습니다.

타이완은 마음이 착해서 남을 도우는 건지 아니면 정부에서(우리는 관광해서 먹고 사니… 타지 사람들에게) 친절을 베풀어야 한다는 교육을 받은 것인지 아리송한 숙제입니다.

마트에서 물건을 구입할 때도 폰에서 '무엇을 도와 드릴까요' 문자가 나오면서 한국말을 하면 대만어로 문자가 나오고 돈을 마트 직원한테 내밀면 쉽게 물건을 찾아주고 계산을 한국의 1, 2, 3, 4, 5, 6, 7, 8, 9, 10까지 나오므로 내가 산만큼 물건 값을 준다.

친절한 직원들은 정이 들도록 챙겨주고 다정했다. 또 다른 한편은 세금도 많이 내야하고 내가 살고 있는 집세가 비싸고, 곰팡이가 득실득실해서 귀찮았다. 비단 곰팡이뿐만이 아니고 지진도 심했다. 자는데 침대가 들썩! 들썩! 큰 소파도 흔들흔들 무서웠다. 그리고 3개월마다 비자 신청하려 한국에 왔다가 다시 타이완 가는 비행기를 타야한다. 부모와 형제는 3개월마다 한국에 와서 비자신청을 해야만 대만에서 살수 있고, 자식하고 부인은 비자신청 없이 영구적으로 오래 살 수 있다.

여기 음식은 거북했다. 무슨 시궁창 썩는 냄새가 나서 먹을 수 없다. 아들! 대만 음식 괜찮니? 아들은 (퉁명스럽게) 안죽으려고 먹어요! 나도 먹을 수 없으니 밀가루 반죽해서 소금 넣고 끓여서 먹으면 냄새가 안난다.

대만은 해마다 돌아오는 조상님을 숭배하는 기후제 풍습이 있다. 잘 차려진 상 앞에 큰절을 하고, 절 예식이 끝나면 곧 폭죽놀이가 시작된다. 폭죽은 하늘 높이 올라가 아름다운 꽃송이로 하늘을 덮고 그 많은 구경꾼들은 박수를 치고 야단법석을 한다. 아들도 웃고, 나도 엄청 웃었다.

이 날을 잡아 기후제를 올리는 곳이 많고, 또 길거리 광장 행사도 볼만하다. 풍악도 올리고 수레를 타고 깊은 뜻을 담은 옷차림은 각색 다양하고, 사람도 들끓고 구경하니 이 또한 재미있다.

대만은 인성이 높고, 친절해서 살기 편했다. 이 좋은 나라인데도 내 눈은 황반변성이란 진단이 나왔고, 망가진 눈으로 희미하게 보이는 눈으로 타이완에서 1년 넘게 있었다. 갑자기 코로나가 문턱까지 쳐들어오고 아들은 어머니! 빨리 한국으로 가야 한다고 서둘렀다.

아들은 어머니가 대만에서 코로나 걸리시면 나 혼자 어떻게 해볼 도리가 없으니 그날로 대만 게임회사에 사직서를 내고 한국에 돌아가야 한다고 회사측에 말을 하니 회사에서 비행기표, 비행기 안에서의 식사비, 캐리어 무게는 40키로, 또 돈도 위로금 이천만원을 선물로 줬다고 엄마한테 자랑하면서 회사 직원 200명이 넘고 사장님이 돈이 많다고 한다. 리조트 해서 돈을 왕창 버니 세금이 어마어마해서 그 돈으로 게임회사를 차리고 또 세계 어느 곳마다 게임회사를 차린 게 많다고 한다.

사장은 일이 바쁜지 대만회사에는 단 한번도 오지 않는다고 한다. 돈이 돈을 버는지… 아들은 대만 살았던 집에 제습기 2대, 침대 2대, 전기장판, 밥솥, 다리미 등등 살림살이 필수품 모조리 다음 사장이 오면 쓰라고 그 집에 놔뒀다. 모든 물건은 얼마 쓰지를 못하고 전부 새것이니 다음 사람은 고맙게 쓸 것이다. 단, 대만의 선물이 1점 있다 (헤어드라이기). 아들은 이 드라이기는 한국에서도 용량을 채워주면 쓸 수 있으니 한국으로 가져왔다. 그런데 한국에 가져온 헤어드라이기를 아들은 귀찮다고 쓰지 않는다. 아들에게 결혼해서 대만으로 신혼여행 가서 쓰라고 말하니 피식! 웃는다.

국민연금

할아버지와 삼남매

매월 25일 이날은 노령연금이 나오니 나는 마음이 좋다. 그 돈이 나오면 외손자 학원비에 쓰여진다. 남편은 80이 넘으신 할아버지시고, 나도 80 가까운 할머니다.

우리 둘이는 쪼개서 산지도 16년이란 세월이 가고 있다. 할아버지는 외손자 삼남매를 돌보시고, 나는 막내아들이 심하게 아파서 아들을 돌봐야 하고, 이렇게 살고 있는 것도 숙명이다. 차상위로 주민센터에서 쌀을 싼 가격으로 구입해 할아버지와 삼남매가 밥을 먹을 수 있으니 다행이고, 또 노령연금이 있으니 도움이 된다. 이 와중에 큰 손자가 초등학교 4학년에서 5학년 두 해를 학교에서 왕따를 받으면서도 학교는 잘 다녔다.

어느 날 할아버지가 심하게 아파서 익산 연세병원에 입원하셨고, 나는 익산을 급히 내려갔다. 잠깐 쉬고 있는데… 큰 손자 담임선생님에게서 전화가 왔다. 하시는 말씀이 형준이가 수업시간에 멍~하니 앉아 있고, 수업에는 관심이 없다고 말을 하면서 집안에 무슨 일이 있느냐고 물었다.

평상시에 외할아버지가 형준이한테 무슨 말을 조금만 해도 사내

녀석이 눈에서 눈물을 줄줄 흐른다고… 나는 듣기도 몇번 들었지만 나 역시 바쁘고 해서 별로 관심이 없었다.

하지만 담임선생님의 전화 소리를 듣고 참으로 놀랬다. 형준이가 집에 오자 나는 차분히 물었다. 형준이 말… "학교수업이 끝나고 집으로 오려고 하면 반 친구들 여럿이 길을 막고, 때리고, 멱살을 잡고, 발로 차고, 오늘도 때리고, 어제도 때리고, 내일도 틀림없이 때릴 거예요"라고 하였다.

그럼 몇 학년때 부터 그랬니 묻자 형준이는 4학년때도 그랬고, 5학년 지금도 발로 차고, 멱살을 잡고 때리고(하루 이틀도 아니고 2년씩이나) 나는 온 몸도 떨리고 심장도 떨리고, 하늘도 땅도 보이지 않았다. 허나 나는 울분을 간신히 억제하고 형준아! 선생님께 말씀 드리지 왜 참았니?

형준이 말은 선생님께 말씀드리기가 그렇고, 아빠는 먼 곳 제주도에 계시고, 집에도 안 오시고, 엄마는 소식도 없고, 할아버지는 늙고, 힘이 없으시고, 할머니는 서울에 계시고… 이 말을 들은 나는 숨을 쉴 수 없이 꽉! 막혔다. 치어 오르는 울분을 간신히 억제하고 물 한 모금 마시고 외손자 형준이를 꼬옥 안아 주고 다독여 주었다.

할머니 말… 때리고, 길을 막고, 멱살을 잡고, 발로 차고 한 친구들은 우리 형준이한테 너무나 잘못했고, 할머니도 용서할 수 없구나.(형준아! 내일부터는 안심하고 학교에 다녀라.)

이런 사실을 전해들은 할아버지는 아직도 몸이 완쾌하지도 않은 몸으로 급히 병원에서 퇴원하셨다. 할아버지는 매일 수업이 끝나기 전에 학교에 가서서 외손자를 데리고 집으로 오셨다. 나는 이런 일들을 놔둔 채 급히 서울에 와서 형준이 담임선생님께 전화를 했다. 담임선생님께서는 이런 사실을 전혀 몰랐다고 하시고 미안한 마음으로 답을 주셨다.

이후, 선생님께서는 열 명이나 되는 학생들에게 다시는 그런 일이 없도록 반성하게 하였고, 좋은 모습으로 사이좋게 해결해 주셨다. 우리 쪽에서는 열 명의 학생들에게 사과를 받고 입으로는 용서해 주었으나(마음은 찢어지고) 이후 8년이란 세월은 바람이 쓸어갔지만 나이어린 형준이가 받았던 상처는 지워지지 않습니다. 지금도 마음이 아프고 눈물이 납니다.

이 와중에 저에게 노령연금이 있으니 그 돈이 나오면 다소 위안도 되고, 기운도 나고, 한 달에 한 번씩 익산에 가서 내가 사랑하는 외손자들한테 맛있는 것도 사주고 필요한 학용품도 사라고 돈도 줄 수 있고 그리고 외손자들을 돌보시느라 고생하시는 할아버지한테 막걸리 1병도 사드리면 너무나 좋아하십니다.

내 나라가 있으므로 내가 있고, 내 손자가 있다. 노령연금도 받을 수 있고 저소득층 차상위 놀라울 정도로 잘 되어 있습니다. 노령연금이 들어올때 마다 8년 전에 받았던 저의 아픈 상처가 조금씩 아물고 있습니다.

G20국 각 나라 대통령 24분이 한국에 오셨고, 회의식때 어느 나라 대통령께서 한국은 개발천국이므로 세계를 도와야 한다고 말씀하셨다. 우선 한가지 일만 보더라도 젊은 층이 머리를 열고, 몸도 마음도 뛰고, 한국은 모든게 열려 있으므로 노력하는 자가 많아 성공한다.

이에 앞서 서울 지하철 시스템이 기가 막히게 세계 1위를 차지하고 있다고 지하철 각 역무실 역장님들께서 자랑스럽게 말을 합니다.(특히 오금역)

후렴… 할아버지와 삼남매는 개발천국에 살고 있으므로 꼭 희망이 올 것이다 라고 믿고 싶습니다. 엄마 병도 낫고 아빠도 집에 오시고 곧 희망입니다.

참 이번 겨울 방학때 할아버지와 삼남매가 서울 지하철 타러 오세요. 오금역 B3층에 올라가서 그 큰 기둥 둘레를 서로 서로 손잡고 웃으면서 돌아볼 것입니다.

국세청 모든 분들께서는 희준이한테 은인이십니다. 책 1권 동봉했습니다. 혹 시간이 나시면 마지막장 덮으시면서 별2점한테 어서 하느님 믿고 몸 건강하라고 마음적으로 기도 한 번만 해 주세요! 보잘 것 없는 책이지만 더러는 얻어지는게 있을 겁니다.

모두 건강하옵시고, 편안하시길 바랍니다.

이만 들어가겠습니다.

국세청 성동세무서장님 귀하

안녕하세요.

저는 형준, 희준, 영준 삼형제 외할머니입니다. 다름이 아니오라, 국세청에서 보내주신 자녀장려금 통지서를 받고 기뻐서 눈물도 나고 마음이 좋았습니다. 희준이가 2학년에서 6학년 초기까지 가방 때문에 스트레스를 받았습니다.

희준이 6학년 초기 어느날!

동생 영준이가 희준이형한테 … 형은 왜 맨날 아침밥도 굶고 이른 아침에 학교에 가?

희준이 하는 말… 가방이 1학년 가방이라서… 제일 먼저 가서 발 밑에 엎어 놓으면 반 친구들이 눈치를 못채니까…

동생 영준이… 끝날 때는?

희준이… 제일 늦게 나오면 모르지!

이 사실을 뒤늦게 알고 외할아버지가 희준이에게 가방을 사주셨습니다.

친정 어머님! 그리고 외손자 외손녀

부모는 자식이 80을 먹어도 물가에 앉혀놓은 기분이라고 했다.
여자는 약해도 어머니는 강하다 수시로 듣는 말이다.
어머니의 모성은 하늘보다 높다.
나의 친정어머님의 이름은 고순임이다.
이 못난 불효자는 어머님을 수십년 그러니까 거의 20년 독한 고생을 짊어지고 살게 했다.

친정 어머님! 그리고 외손자 외손녀.
이제 갓 태어난 1달도 못되는 어린아기를 품에 안고 그 위로 3살, 6살, 9살 세 딸을 데리고 여수를 떠나는 기차를 타고 익산을 지나 함열역에서 멈추고 서울행을 합니다. 함열역에서 내리신 어머님은 4명을 데리고 집으로 가는 길은 가까웠으나… 어머님 발길은 그 얼마나 무거웠으리!
형편도 넉넉치 못 하고 불쌍해진 딸자식 때문에!
딸 한명 살려보려고…
딸자식을 한꺼번에 데려가신 어머님!
나는 그때 그 선에선 어머님의 고통! 무거운 짐! 감당하면서 사시는지를 생각해보질 못했으니…

어린 핏덩이 난(태어난) 그날!

내가 살고 있는 우리집은 여수시 교동이었고, 한쪽으로는 순천 대교에서 내려오는 영등편이란 냇가 강물이 흐르고 그 바로 옆에 한없이 긴 신작로가 있다.

이날 오후 2시쯤… 사람들이 웅성웅성 지나갔고, 살인사건이 일어났다고 소문이 돈다. 우리집에서 약 70m 떨어진 곳에 고물상이 있었고 고물상 앞쪽에 판자로 지은 조그만한 살림집이 있었다. 그 살림집 마당은 신작로였고 그 집 앞 신작로를 조금 걷다보면 여수시 수산시장이 있으니 시장보러 가는 사람들이 많았다.

그 집 앞을 오가는 사람들은… 남자가 애기를 베서 배가 불룩한 부인을 칼로 찔러 죽였다… 입달린 사람들은 소문을 내고 있으니 나는 아기를 낳은지 채 두 시간도 지나지 않았는데… 우리 집은 이층집이었고 밑에 층은 상가건물이었고, 문만 열만 곧바로 신작로다.

내 귀에까지 들리는 살인사건 소문은 기분이 좋지 않았다. 이때부터 자궁으로 하열하기 시작했다. 어린애 낳고 삼칠 이십일이면 피가 멈춘다. 나는 20일이 지나도 하열병은 멈추지 않고 게다가 위에 쥐가 나고 하루에도 20분마다 통증이 시작되면 몸을 조금이라도 움직이면 그 통증의 고통!

땀으로 온몸을 적시고 15분에서 20분 그 시간은 온몸 전체가 마비되고 통증이 살며시 가라앉는다. 수건으로 얼굴을 닦으면 수건에서 물이 줄줄줄… 입었던 옷에서도 물이 줄줄줄… 이 고통은 20분이 지나면 또 시작된다. 자궁으로 쏟아지는 피는 범벅이 되고 애기들 아버지는 나를 병원으로 급히 데려가지만 큰 병원으로 가라고 진찰도 안

해준다.

하루에도 밤이나 낮이나 징글징글하게 통증은 계속 찾아오고 이제는 통증 가라앉는 시간이 줄어들고 아예 10분에서 오분으로 줄어들더니 통증의 간격이 없어지고 계속 통증에 고통을 받으니… 그 통증! 그 통증!

내일 아침 전주 예수병원에 갈려고 애기들 아버지는 짐을 챙기고 택시 대절해서 갈테니… 통증이 심한 나를 데리고 전주 가다가 길에서 숨을 거둘 것 같다. 이때 친한 언니가 우리 집에 와서 여수시 교동에 있는 장한의원이 왕진해서 진맥을 해보라고 애기들 아버지께 말하였다.

애기들 아버지가 급히 장한의원에 가서 의원님을 모셔왔고 내 손목을 잡고 진단하고 우선 약2첩을 지어주셨다. 애기들 아버지가 약 넘기지 않으려고 2시간 동안 지켜보고 대린 약 1사발을 먹고 나는 위에서 부터 몸 전체 굳어오는 통증이 씻은 듯이 가라앉았다. 더 이상 탕약을 먹을 필요 없다.

여수시 교동 장한의원 원장님 고맙습니다.

위에서 부터 몸 전체가 마비되는 통증은 몸에서 떨어졌지만… 자궁의 피는(하열병) 계속 흐르고…

환자를 살려내신 수원 동수원병원 윤성일 교수님! 최선을 다하고 13번의 수술을 했어도 끝내는 죽어버리는 생명 때문에 속상하셨는지… 교수님 계신 곳에 문을 열고 들어가도 아무 기척이 없다.

의사님 저는 가야 합니다.

그 의사님… 많이 느낄 수 있는 최대한의 기쁨을 하늘 밑 한 아녀자의 가슴에 반을 놓아 주세요…

책상 위에 두 팔을 고이고 양손은 턱을 받치고 눈을 감고 있는 교수님께 절을 땅이 닿게 하고 문을 닫고 거리로 나왔다. 오늘 밤 자정을 넘기지 못하니 식구들 와서 마지막 보라고 말씀하신 의사 선생님! 참으로 고맙습니다.

익산 구시장 경희한의원

지금으로부터 22년 전의 일이었다.
익산시 구(이리) 모현동 동네에 홍진이란 두 글자가 갑자기 찾아왔고, 심하게 들이닥친 홍진은 아기들의 목숨도 가져가는 무서운 홍진… 미리서 홍진예방을 했음에도 효력이 없다.
외손자는 이제 1살이었고, 나는 외손자의 외할머니었고, 외손자를 도맡아 돌보았다. 뜻밖에 온 홍진으로 외손자의 몸은 불덩이었고 앞으로 외손자를 안고 3일 동안 열을 외손자와 나는 견뎌내고 있었다.
밤이고 낮이고 열은 불타오르고 온몸 전체에서 살 반토막의 꽃이 피고 누더기 되어 방울방울 튕겨져 있었다. 3일 동안 안고 있으니 허리가 끊어지도록 아팠다. 아픈 허리가 너무 아파서 세워진 의자에 살짝이 앉으면 나이어린 손자는 웅! 웅! 앓는 소리를 낸다. 나는 그 소리가 네가 얼마나 아프면 의자에 앉질 못하게 하니… 하도 딱해서 밥도 못먹고 잠도 못자고 3일을 견뎌내니 나도 너무 힘들었다.
익산시 오산면에서 수퍼를 하는 딸에게 애기들 아버지가 전화를 했고 밤 10시가 되어서야 딸하고 사위가 왔다. 나는 반가웠다. 지금 홍진이(그라이 막스니) 났으니 하룻밤만 애기를 안고 지내라고 지어미에게 아들을 엄마품에 안기고 큰방에 와서 그대로 잠이 들었다. 잠에서 부시럭 소리가 나고 열을 내려야 살릴수 있다고 지껄이며 방에서 급히 나와 대문 열고 사라진다.

후딱 아가 생각이 나고 홍진을 심하게 하고 있는 아가가 없어졌다. 익산 원광대학병원 응급실 문은 열려 있고 아픈 환자를 치료하는 응급실을 나는 불이나게 택시를 불러 타고 응급실을 가서 응급실 문을 열고 앞으로 들어갔다.

문안으로 들어가 보니… 열려 있는 문은 한겨울의 세찬 바람이 폭풍처럼 들어오고 응급실 안의 문은 닫혀 있고 우리 아기는 응급실 문밖으로 밀려나온 병원 침대에 반드시 눕혀 놓고 사위인 애기 아빠가 몸에는 실오라기 하나 걸치지 않은채로 눕혀놓고 큰 얼음주머니를 들고 몸에다 대고 쓱! 쓱! 얼마나 문질렀는지 아기는 새우처럼 오그라졌고 몸은 찬 얼음덩이 되고… 대번에 누가 시켜서 홍진하는 아기를 찬 얼음덩어리 만들었냐고 소리를 질렀다. 대번에 찬 얼음주머니를 팽개치고 누가 시켰냐고 소리를 질렀다. 어서 이불을 덮어주고 바람이 들어오지 않는 곳으로 옮기라고 또 소리를 질렀다.

사위는 안에 있는 간호사들이 열을 시켜야 아가가 살아날 수 있다고 한다. 기가 차고 숨이 숨통이 끊어지도록 가슴이 아프다. 아기를 안고 집으로 오려고 하는데 아기를 내 품에서 힘차게 빼서 다시 그 침대에 눕히고 약한 이불을 덮어준다. 나는 아기를 네가 데려가기 전에는 못나간다고 하니 나를 문밖으로 데려다 밀어내고 병실문을 잠가버린다. 소리쳐도 병실문을 때려도 기척이 없다. 울면서 집으로 올 수 밖에 없다.

밤 10시쯤 응급실에 간 손자는 이날 밤 2시쯤 집에 왔고, 축 늘어진 손자를 가슴품으로 안았다. 몸은 차갑게 식어 있었고 눈을 살포시

밀어 올리니 흰창이 전부 눈앞에 들어 있다. 이미 죽은 자식을 내 품에 안겨주고 사위도 딸도 도망을 간건지 보이질 않는다.

   나는 애기들 아버지를 불러 주전자에 물 끓여서 갔다주고 대야도 주라고 했다. 주전자에 뜨거운 물을 입으로 몽땅 담고 입안을 따숩게 하고 입안의 열기를 손자의 몸에도 불어 따숩게 해주고 수십번 수백번 번갈아 대여오는 주전자에 물을 입으로 넣고 뱉고 입안을 따숩게 해 온 몸 구석 구석 이불을 덮으면서 귀, 코, 입, 배꼽, 손, 발, 몸, 감고 있는 눈 위, 아래 수없이 온기를 넣어 주었다.

   3시간이 넘도록 손자에게 온기를 넣어주니 손자의 몸이 따뜻해진다. 다시 방울 방울 꽃이 피고 홍진이 시작된다. 그 당시의 안도는 아무도 모른다. 홍진은 3일을 심한 열이 나고 방울 방울 꽃이 핀다. (온 몸 전체로) 심지어는 손도 발도 홍진하다 바람끼 들어가면 그대로 죽는다.

   3일은 열과 꽃이 피고 3일 후 4일 부터는 열이 내리고 6일이 지나면 방울 방울 몸에서 솟아난 알맹이도 없어지고 일곱밤이 지나면 씻은듯이 낫는다.

   외손자는! 일곱밤이 지나도 계속 열은 온 몸 전체를 불덩이로 만들고 온 몸에서 솟아난 방울 알맹이는 더욱 심하고, 딱 13밤이 지나니 열이 식고 알맹이 방울도 없어졌다. 단… 하루를 더 채워 열네밤이 되니 입으로 불면 날아갈 몸이 되었고, 너와 나(외손자와 외할머니)는 14일동안의 생존기를 거쳐 기적처럼 살아났다.

   아가와 할머니는 14일 동안 물 한모금 먹질 못했고, 아가는 가늘게 아주 약하게 숨소리 들리고 나는 거칠게 숨을 쉬고 우리 두 목숨을 (예수그리스도님)께서 살려 주셨다. 보리차를 약하게 넣고 끓인 물을 14일만에 외손자 입에 스푼으로 조금씩 넣어 주고 5분 정도 있다가 우유물을 천천히 조금씩 먹이고 쉬었다가 또 아까 양보다 천천히 먹이고 또 뒤소 젖병을 입에 문 아기는 빠는 힘이 강했으나 우유병을 재치고 천천히 조금의 약을 먹였다. 이제 아기는 젖병꼭지를 입에 문 채로 잠이 든다. 젖병꼭지를 슬그머니 빼니 입에서 놓아준다. 다음은 네가 밥을 먹을 차례다. 밥을 한수저 입에 넣고 씹으니 밥알이 전부 딱! 딱! 했고 입안이 온통 쓰리고 미끌 미끌한 물체가 돌맹이들과 합쳐져 씹히질 않는다.

밥속에 왠? 돌들이? 손바닥에 모두 뱉었다. 자세히 보니 치아가 빠져서 입안에 살같이 밀려나와 돌맹이(치아)하고 뭉친채로였다. 하도 불쌍해서 하도 불쌍해서 내 입안으로 듬뿍 듬뿍 들어오는 물이 식기 전에 빨리 뱉고 훈김을 어린 몸에 대고 가만히 뜨끈한 훈기를 넣어주고 입안에 뜨거운 물을 가득 채워도 전혀 뜨겁게 느껴지질 않는가 싶어서 더욱 끓여달라고 하고 두 주전자에 뜨거운 물을 계속 방으로 들락했다.

이제 얻은 것 잃은 것 두 가지 일을 하루 속히 해결하고 싶다. 두 가지 중에서 내가 해야 할 빠져버린 치아 입속에 틀니가 생각났고, 허리가 칼날을 세운 도끼로 두들겨 맞은 것처럼 심하게 아프다. 한방침을 맞고 싶어서 익산시 구시장 경희한의원 한방침을 맞으면 잘 낫는다는 소문을 미리서 들었기에 택시를 타고 경희한의원으로 갔다.

침을 맨 먼저 다리 목에 놓고 나서 원장님 왜? 허리가 아프냐고 물었다. 외손자 얘기를 대충 하니 그 나이 어린 가스나 새끼들이 무엇을 아느냐고 말씀하시고 시간이 없으니 빨리 아기를 데려와야 된다고 재촉을 하고 화를 낸다. 원장님은 화가 나고 손이 떨려서 침을 놓을 수 없다고 한다.

　큰 다행인 일은 아기를 친이모한테 맡기고 병원에 온 일이 아기를 살릴 것인지… 아기를 품에 안고 병실 안으로 들어오는 딸을 보고 크게 숨을 쉬었다. 곧바로 원장님은 한없이 가느러진 아기손목을 쥐고 눈을 감고 한참을 진맥을 하고 다시 눈을 뜨고 쥐고 있던 아기손목을 아기를 안고 있는 이모손에 가만히 쥐어준다.

　카운터까지 나오신 원장님은 아기의 탄약을 내게 내밀고 약한불에 정성껏 2시간을 다려서 아기에게 먹이면 아기의 병도 낫고 몸도 건강해진다고 했다. 다섯첩의 한방약 봉지는 큰사람 한 첩의 1/6이 되어 보였고 가벼웠다.

　이후 아기는 23년이란 세월을 먹으면서(영화배우 배용준)이를 닮은 키 크고 멋진 청년이 되었다.

　익산 경희한의원 원장님께 깊은 감사를 올립니다.

　"고맙습니다."

나는 글을 내 마음대로 내 생각대로 쓸수가 없다.

　석금! 석금! 살아온 길을 본 그대로 느낀대로 적고 있다.
　서울 마포구 상암동 주민센터에서 공공근로 일자리를 프랑카드에 적고 프랑카드는 줄에 묶인채 매달려 있다. 나는 공공근로 일자리에 이력을 내고 곧바로 공공근로 일자리 직원이 되었다.
　주민센터 직원은 말하였다. 걸을수만 있다면 무조건 와서 일해도 된다고 했다. 더는 일할수 있는 사람들은 없었고 19명 공공근로 직원이 되었다. 걸을수만 있다면 무조건 합격하는 쓰레기 치우고 길청소 하는 직장이다. 한달치 월급은 85만원이다. 상품권 30만원과 나머지는 현찰로 준다. 일자리센터에서 주는 월급은 대단한 축복이었다.
　이 무렵 우리나라 안에 10대 속에 드는 기업인데 생각이 잘 안난다. 글을 보신 분께서 기억을 하시면 적어주시기 바랍니다.
　대기업 회사가 문을 닫고 그 회사원들은 닫혀버린 문밖으로 나와 다시 직장 구하기도 힘들고 생계가 막연했다. 이를 눈치챈 시에서 각 주민센터에 조회를 권하고 공공근로에 와서 일하면 가정에 보탬이 되라는 생각이었지만 회사 직원들은 단 한명도 이력서를 내지 않았다.
　공공근로에 취직한 19명의 직원들은 착했다. 나이가 70 넘으신 할아버지 한 분이 19명의 반장이 되었다. 할아버지 반장은 과거 공무원이었고, 퇴직하고 보니 쓸쓸해서 쓰레기 줍는 직장에 들어오신 할아버지는 한분 빼고 나머지 여자 18명을 잘 챙겨 주었다. 쓸쓸해서 들어오신 직장이었다고 한다.

어느 교장으로 지냈던 분이 정년퇴직 후 자살하셨다고 신문에 보도 되었다. 호칭이 교장으로 지내셨으니 학생들도! 선생님도! 모두 친절한 인사! 교장선생님을 존경하는 마음! 등등… 퇴직 후 곁에서 한꺼번에 떨어지니 매우 쓸쓸하신 교장선생님! 아직도 해야 할 일들이 많고 하지만 모두 쓸쓸하게만 느껴졌을… 목숨을 끊으신 교장선생님! 길이 명복을 빕니다.

19명의 직장인은 한 달에 한번 모이기도 했다. 장소는 마포구에 자리잡고 있는 99계단 산 사람들의 눈을 피해 구석진 곳에 장소를 잡고 그 달마다 맨 끝 날이었고, 토요일 시간은 오후 2시에 19명이 모여서 준비해온 깡통 바케스를 손바닥으로 치고 빈마이크에 입을 대고 노래 부르고 앉아서 춤 추고 일어서서 춤 추고 늘어진 버들가지처럼 추는 춤노래 캠퍼스에 모인 19명의 직원은 최고로 웃고 떠들고 못마시던 막걸리 한사발에 좋아서 웃음 짓고 아름다운 풍자극! 토요일 오후 2시에 모이는 캠퍼스는 모두들 그날을 기다린다.

그런데 19명의 직원 중 1명의 직원이 갑자기 없어졌다. 보이질 않는다. 한명의 직원은 다리가 아픈지 조금씩 다리를 불편해 하면서 쓰레기를 줍고 주민센터에서 구비한 카트를 끌고 일을 했다. 이 한 명은 지하주차장 옆 지하벽에 대고 있다가 차에 치어 죽었다.

(고인의 명복을 빕니다.)

"하늘나라에서 아프지 말고 행복하세요."

이 후로 다시는 99계단을 18명은 가 본적이 없다.

황반변성

황반변성이란 두 눈은 글도 잘 보이지 않고, 사방의 물체도 희미한 채로 보인다. 잘 보이지도 않고 귀도 들리지 않고 내 몸은 쓸모없는 불필요한 존재다. 네임펜은 내게 도움을 준다. 글씨가 대충 조금 보였고, 어서 필을 놓고 싶다.

슬프고 어려운 일은 가족이 있다.

웃고 떠들고 분담해서 밥 사먹고, 놀러도 가고, 해외여행도 가고, 캠핑도 가서 날 밤새며 작은 엽전 따먹기 화투도 치고 이런 것들은 친구들끼리 하는 일이다. 많은 친구들은 늘어나고, 백명의 친구도 불어난다.

아들아! 네가 망했을때 백명의 친구가 떠난다 해도 그 와중에 단 한 사람 남아 있는 친구가 있다면 너는 외롭지 않다. 그 소중한 친구를 네가 만들도록 해라. 그 소중한 친구가 더러는 돈을 빌려달라고 할때도 있다. 슬기롭게 말 하거라. 집안에 일이 있어서 이 돈 밖에는 주질 못하니 미안하구나. 일이 백(백만원에서 2백만원) 받을 생각 말고 친구를 편하게 대해주어라. 그리고 만약에 이런 일은 없을테지만 행여나 큰 돈을 빌려달라고 하면 대처하라. 친구야! 나도 아버지가 빚보증을 서서 집도 팔고 퇴직금도 보태고 해도 보증빚이 남아 있고,

아버지에게 보증을 서게 한 사람은 온데 간데 없어지고, 찾을길 없고 집도 없이 지하방에서 생활하시는 부모님은 서울로 모셔올려고 해도 말을 전혀 들으시지 않고 있으니 사는게 사는것 같지 않구나!

교훈 : 큰 돈 주고 친구 잃고 가슴 쓰리고 교훈을 지켜라!

익산시 모현동에 살고 있는 홍종래님은 큰딸이 강물에 뛰어들어 죽고 나서 부터는 치매가 왔다.

'치매' 는 곁에 있는 사람들의 피를 말리는 무서운 병이다. 집안에 한 사람이 치매에 걸리면 모두 치매병이 들고 가정은 파괴된다.

치매란 병은 우리나라 전국을 돌고, 가족은 병을 고쳐보려고 많은 돈이 든다. 치매가정은 가정이 파괴되는 안타까운 현실이다.

나는 문재인 대통령에게 치매병이 걸리면 가정이 무너진다고 상세히 하나 하나 적었다. 제일 비싼 정신병원 입원비, 입원비가 싸고 중간쯤 정신병원 입원비 또 나라에서 운영하는 국립의료원 서울 외곽지에 있는 정신병원비. 나도 집안에 일이 있으므로 내가 손수 돌아다니면서 견학해 알아낸 입원비를 적고 그 도시 그 읍, 면에 있는 정신병원 이름도 적고…

백성은 당신의 아들! 딸!입니다.

어버이신 당신은 자식들을 고칠 수 있는 힘이 있습니다.

어버이신 당신도 책임지시고 정부고 책임지셔야 합니다.

백성이 청와대에다 민원을 내면 쉽게는 6개월, 느리면 1년 2년이 되어서야 간추리 해 본다고 최고의 법률사무소 소장님께서 말씀하셨다.

문재인 대통령에게 편지를 보낸지 이틀인가 텔레비전에 문재인 대통령이 나오셨고 내가 보낸 글을 보셨는지 우울증 걸린 환자는 정부가 책임지겠다고 하셨다. 혹! 이 텔레비전을 보신 분이 있으리라고 본다.

"문재인 대통령님 고맙습니다."

익산시 익산 원광대학교병원 응급실

홍종래님은 갑자기 쓰러지셨고, 급히 병원으로 가셨다. 뇌경색으로 병명이 나와 응급실에서 치료 하셨고, 긴 산호호흡기에는 목에서 피가 나고 또 수술하고 병은 차도도 없고, 멀리 살고 있는 자식들은 모두 모여들고 아버지의 면회를 요청했으나 말썽부리는 코로나 때문에 단 한명의 자식도 면회를 할수 없었다.
　끝에서 세번째 딸 혜영이가 제일 많이 아빠 곁을 지켰다. 나는 셋째딸한테 아래의 말을 전했다.
　셋째딸은 아빠한테… 깨끗한 화장지에 물을 적셔 입술에 대고 간호사 없는 틈을 타서 수저로 물을 떠서 먹이도록 부탁했다. 홍종래님의 부인도 면회를 할수 없었다. 물을 먹일때 응급실의 실태를 시스템으로 본 간호사는 어느새 달려와 물은 먹이면 큰일이 벌어지니 물을 먹이면 안된다고 화를 냈다고 했다. 그래도 혜영아 아빠 얼마나 목이 타시겠니! 호수로 음식을 배꼽에다 주고 입에는 음식을 먹을 수 없는 일이 가슴이 쓰리도록 아팠다.
　40일이 지나고 응급실에서 생을 마감한다는 소식을 들었고, 자식들 외 모두 응급실 문앞에 모여서 한 사람씩 한 사람씩 부르시고 절대로 손을 잡거나 만져서는 안된다고 당부를 한다.

긴 시간 동안 마지막 모습을 본 다음 끝으로 두번째 서울에 살고 있는 막내아들이 응급실에 들어갔고, 의사가 신신당부한 손목 잡지 말라고 한 말 무시하고 아빠 손을 잡고 큰 소리로 "아빠 사랑합니다!" "아빠 내 목소리 들려요?" 통곡을 하고 간호사가 끄는대로 병실 문을 나온다.

맨 끝으로 적힌 홍종래님 부인이 적힌 차트를 손에 들고 박정례님 들어오세요. 응급실 안에 누워 있는 남편의 숨소리는 비참했다. "여보! 이곳에 누워 있지 말고! 빨리 일어나셔서 집으로 가요!" 곧 숨이 질때까지도 환자의 귀는 열려 있다고 병원측에서 들은 말이다.

내가 존경했기에 단 한번도 물건은 한 손으로 건네주질 않았고, 두 손으로 공손히 드리고, 이 못난 죄인 때문에 고생하신 18년 세월이 너무 한없이 미안했다.

여보! 빨리 일어나셔서 집으로 가요. 여기에 누워 있지만 말고…

어서 집으로 이 못난 마누라와 함께 집으로 가서 저와 함께 손잡고 배산공원 가셔야지요… 감겼던 눈에서 한 방울의 눈물이 나오고 나는 그 진한 눈물을 손으로 닦아 주었다. 혜영이한테 매점에 가서 수저하고 물을 사오라고 했기에 손에는 작은 물병이 있었고, 나는 물병을 열려고 하는데 이를 지켜본 간호사가 얼른 달려와 물병도 뺏고 수저도 뺏어 버리고 물을 먹어서는 안된다고 지금 환자는 퉁퉁 부었는데… 지껄이고 있다. 야간간호사 두명이 나를 부축하고 문밖으로 밀어내고 문을 잠군다. 문밖으로 나온 나는 애통하게 울부짖었다.

나는 이 물을 먹이기 전에는 이 병원을 떠날수 없다고 소리를 질렀다. 아무리 병원 규칙이라고 해도 환자가 있어야 병원이 있고 의사님이 있으니 내가 못 드린 물 의사님이라도 줘야 합니다. 물 주기 전에는 못떠납니다. 나도 같이 죽어서 남편과 함께 죽을 것이니… 어서 빨리 돌아가시기 전에 물을 입에다 넣어 주세요! 홍종래 담당이신 의사님이 물병을 들고 서 계신다. 물을 드릴테니… 말하고 응급실 안으로 들어가 버린다.

조금 후에 다시 의사님이 오셔서 막내아들 손목을 잡고 물은 먹여 드렸고 편안한 모습으로 운명하셨습니다. 짐작은 했지만 운명이란 말이 엄청 싫었고 무서운 말이다.

익산 원광대학교병원 응급실 홍종태 담당 의사선생님께서… 홍종태님은 제가 드린 물을 드시고 편안한 모습으로 운명하셨다고 말씀하셨다.

진심으로 "고맙습니다. 그리고 또 고맙습니다."

근조

장례식장은 진주였고, 장지는 진주시에서 멀리 떨어진 외각지 높은 산속이었다.

장례식장에 즐비하게 서있는 국화꽃 조화에 뜻을 담은 애도는 정말 많았지만 하나도 빠짐없이 리본의 글을 읽었다. 내 눈에는 진작부터 눈물이 흐르고 감격했다. 제 아무리 부모가 자식에게 모든 것을 주어도 사람인 부모의 길이는 짧고 무게도 가벼웠다.

어느 부모님은 자식을 나무라기도 하고 어느 부모님은 자식 키워 대봤자 소식 한번 안주니 불평도 하고 하지만 부모는 결국 자식한테 기대고 생을 마감한다. 자식의 길이는 길다 못해 꼬리가 치켜 올라간다. 무게도 부모의 무게보다 훨씬 무거워 보였다. 자식은 생활에 쫓기면서도 인맥도 듬뿍 쌓고 가정도 챙기고 …. 이 무게와 길이는 얼마나 힘들었을까? 얼마나 뛰고! 뛰고 했을까? 철철 쏟아지는 눈물은 코밑을 타고 입속으로 들어가고 턱 밑으로 들어간다. 턱 밑으로 들어간 눈물이 입고 있는 상복 저고리 앞가슴을 타고 들어와 앞가슴 저고리가 흥건하다.

LG, 현대, 진주 법사무 사장, 여천 진흥건설 사장, 익산 닭 키우는 사장, 여수고등학교 교장, 금융회사 사장, 게임회사 대표님, 동창분들, 동아리 대표님 남김없이 읽었다. 하도 많았다.
 갑자기 온몸이 춥고 가슴으로 들어온 눈물에 옷이 축축했고 한기 들어 방으로 들어와 보니 방바닥이 뜨끈하다. 자식이 죽으면 가슴에 묻고 남편이 돌아가시면 자식들하고 살아갈 욕심이 생긴다는데… 나는 뜨끈한 방바닥이 욕심이 나서 자리에 누었다.
 여보! 나 같은 죄인을 용서해 주오.
 나는 사랑하고 존경해온 남편을 외각지 높은 산에 안치하고 사랑하고 존경하는 님을 부디 먼저간 딸! 손잡고 못다 채운 아빠의 정으로 감싸 쥐고, 손잡고 공기 좋고 맑은 이슬비를 드시고 행복하시기 바랍니다.
 "님의 명복을 빕니다"

이상한 일

　첫 제를 올리기로 하고 홍종태님의 영전 앞에 모두 모였다. 영전 앞에 제사상이 있었고 술병도 있고 잔도 있고 잔뜩 담겨진 국화도 있고 가족들은 영전 앞에서 국화 1송이를 드리고 무릎 꿇고 장례식장 관계자 분이 술병을 두 손으로 잡고 가족 1명은 술잔을 두 손으로 공손히 받쳐들고 술은 술잔에 채워지고 영전 앞에 올리고 큰절을 3번 하도록 관계자분도 큰절을 한다. 관계자분은 가족분 보다도 더 허리가 구부러지도록 한다.
　그 많은 가족들이 제를 올릴적마다 관계자분은 큰절을 한다. 우리 가족이 많아서 관계자분의 무릎이 아팠을 것은 사실이고 마지막으로 내 차례가 왔다.
　나는 진작부터 눈물이 쏟아져 울었다. 국화 한 송이를 들고 영전 앞에 놓으려는 순간 꽃송이가 툭! 떨어지면서 잔 비운 술잔 속에 들어간다.(엄마! 나! 못다피고 왔어요) 엄마인 나는 분명 이 소리를 들었다. 결혼도 못하고 자식도 낳아보지도 못한 딸! 이 젊은 나이로 하늘나라로 떠났습니다.
　못다핀 꽃 때문에 가족들도 나도 슬프디 슬픈 눈물이 가슴 속에서 피가 되어 휘젓는다. 무릎이 닳도록 허리를 굽히고 절을 가족들 보다도 더 열심히 하신 (상조회사) 관계자님 진정으로 고맙습니다.

진주

장례식은 끝나고, 큰아들 큰 며느님이 아버지 제사를 모셔간다고 조용히 말을 하였다. 큰아들은 어릴적 부터 아버지가 돌보지 않았고, 아버지는 경찰 근무하고, 사건이 나면 일일이 조사하고, 조서가 많아도 진주시에서는 제일 일인자이시다. 조서 꾸미고, 한건의 살인사건이 나면 꾸민 조서장이 백장이 넘어 힘드셨는지 그 일을 그만 두고 객지 생활하셨다.

큰아들은 아빠의 사랑도 못받고 기죽고 그랬는데 오늘 아버지가 미우기도 했을만한데도 아버지 영정사진도 아버지 제사도 가져갔다. 슬프고 어렵게 큰 큰아들에게 나라에서 효자상을 주었으면 고맙겠습니다.

홍종래의 마누라인 나는 고향인 익산 모형동 집에서 사랑하는 당신의 유품을 내 손으로 정리했다. 2톤 트럭으로 한 차였다. 사랑하는 당신의 유품정리를 하면서도 마누라 손잡고 익산 배산공원 한번만이라도 갔으면 하는 그 소원을 못들어 드리고 다시는 못 오실 그 먼곳으로 가시게 한 일들이 가슴 속에 맺히면서 주마등처럼 떠돈다.

사랑하는 당신의 소중했던 유품을 정리하면서 내게 몇개 남아 있는 것들도 모두 정리하고 아들을 결혼시킬때 복 많이 받은 옅은 하늘

색 한복 한 벌을 장롱 속에 넣었다. 바쁜 자식들을 부르지 않고 혼자서 그 많은 유품을 정리하고 나니 몸은 부실했지만 장례식을 마치고 곧바로 서울로 떠난 (별두점이) 걱정이 되어 나도 서울 아들 집으로 왔다.

서울 상암동 쓰레기 직장

　한 명은 멀리 가시고 18명의 직원은 마지막 청소하기로 하고 팬택 앞 공원을 청소해야만 일이 끝난다. 18명 청소직원은 공원을 다 쓸고 나니 깨끗했다. 키큰 나무그늘이 있는 의자에 모두 앉았다. 시간은 낮 12시가 막 지나고 있다. 팬택이란 빌딩에서 직원들이 수없이 나와 18명의 직원이 앉아 있는 앞쪽으로 걸어가 공원에서 바로 보이는 식당 안으로 편의점으로 들어간다. 18명의 직원들은 한결 같이 밥 먹으러 식당으로 들어가는 팬택직원들과 편의점으로 들어가는 팬택 직원들을 볼 수 있었다.
　편의점 안에서 팬택 직원이 박스를 들고 우리 쪽으로 온다. 18명의 직원들 앞에다 들고 온 박스를 땅에 놓고 시원하니 물을 잡수시라 하고는 왔던 길을 되돌아 간다. 궁금한 박스를 열고 보니 비락식혜가 들어 있다. 18명의 직원들은 고마움을 느끼면서 비락식혜가 달고 맛있었다.
　식혜를 준 젊은 청년은 직원을 잘 챙겨주는 큰 그릇이 될 인물이다. 수백억이 넘는 개인 소유물인 팬택 주인처럼 큰 빌딩 소유자가 될 주인으로 보인다. 그때 팬택 직원은 4천명이고 22년도에 왔으니 5천명이 넘을 것이다.(이 팬택빌딩은 핸드폰 만드는 전 직원의 회사이고 만든 제품을 해외로 수출하는 큰 회사다.)

"달고 맛있는 비락식혜를 준 그 젊은 직원은 꼭 성공하기를 바랍니다."

글쓴이의 내용 중 별두점은 모 의사가 네 병은 못고쳐! 몸 전체 다 굳어버리고 누워 있으면서 너와 나 얼굴 맞대고 죽는 그날까지 약이나 먹어야 한다고 했으니…

별두점은 꿈도 많고 할일도 많은데… 분해 하면서 말하고는 이 새끼 다른 병원에서 이 병이 아니다고 하면 뺨 한대 쎄게 때리고, 고소해 버릴테니…

어머니! 이 병원 꼴도 보기 싫으니 빨리 병원문 떠나자고 병원문을 박차고 별두점이 재빨리 나갔다. 꿈도 많고 할일도 많은 젊은 청년에게 심하게 던진 말은(강직성척추염) 모든 대학병원에서도(강직성척추염)이었고, 심하게 아프면서도 전곡 제2포병(머리 좋은 대학생들을 골라다 포를 쏘게 하는 군부대이다. 6명이 600kg의 무거운 대포를 어깨에 메고 한치의 각도만 틀려 이북으로 대포가 떨어지면 전쟁이 난다는 대포알이다.)으로 제대를 했다.

이틀마다 포를 이북 근처 쪽으로 떨어져 이북이 이 대포 소리를 들으라는 엄포다. 별두점의 일기는 40일의 일기 별두점에 있습니다. 익산역 맞은편에 동아의원이 있었고, 동아의원 원장님이 원로해서서 병원 일을 그만 내려놓으시고 다른 의사님이 계신다.

동아의원 원장님은 의술이 우리나라에서 최고의 병을 고치는 의원님이시다. 의원, 병원, 대학병원 이런 곳에서 의원님의 병 고치는 일은 한국에 단 한 분이시다. 나는 동아의원님을 찾아가 전원장님 뵙기를 간곡히 드린바 이 사실을 아시는 원장님은 4층에서 도보로 내려 오셨다. 엘리베이터는 없었고 힘들게 내려오신 원장님께 아들의 병명을 말하고 고쳐주기를 간곡히 부탁하였다.

원장님은 어머니가 오셔서 간곡히 부탁도 하고 아직 아들 나이도 있고, 내 임기가 가까이 있으니 아들을 보내면 살려줄테니… 침을 백번 맞아도 소용없고 약을 백번 써도 소용없고 주사를 백번 맞아도 소용없고 꼭 그 자리를 치료해야 낫는 병이다 라고 하시고는 아들을 빨리 보내기를 당부하신다.

그날은 이미 해가 졌고 다음날 원장님께서 힘들게 내려오셔서 아들을 찾으니 빨리 병원에 오라는 불같은 성화의 전화소리를 나는 세번이나 들었다. 병원에 어서 가서 병을 고치자고 가만가만 달래고 또 달래고… 별두점 소리… 나는 1년 살고 죽어도 2년을 살고 죽어도 죽는 것은 마찬가지니(네가 죽어서 목을 엮어서 끌고 가라고 한다.) 끝내는 병원을 포기, 어떻게 해볼 도리가 없다.

아들이 세상 밖으로 나와야 병을 고칠수 있는데… 혹시나! 우리나라 최고이신 대통령님께서 위로해 주면 마음을 열고 병원도 가고 물리치료도 받고 하면 병을 고칠수 있을텐데…

대통령님께 편지 보내고 3일이 지났다.

이날도 뱀이 써글써글한 깊은 산속으로 들어가 긴 대나무로 숲속 풀을 살살 두드리고 약초를 캐었다. 집으로 와서 약수물을 길어다 솥에 붓고 면으로 된 팩을 넣고 삶아서 아들 집으로 갔다.

아들은 잠을 자지 않고 깨어 있다. 아들의 소리… 엄마가 청와대다 무슨 짓거리를 했기에 이따위 전화가 와? 아들은 고함을 벌컥 질렀다. 내가 죽어 없어질테니 하고는 나를 방문 밖으로 밀어 낸다. 밀려나온 나는 온몸이 벌겋게 타는듯 했다. 혹 같은게 발바닥에 닿는다. 내가 어디를 가고 있는지 발이 어디를 밟고 있는지… 핀 꽃도 지고, 피지도 못한 꽃도 지고, 죽으면 편할 것 같다.

　내 앞 저만치서 길을 가던 사람이 뒤를 휙! 돌아 보고 블랙으로 들어간다. 나는 멍-하니 그 사람이 없어진 자리를 보았다. 내 눈에 저만치 또 한사람이 보인다. 그 사람은 뒤를 휙! 돌아본다. 이 사람은 조금 서 있는듯 서서 나를 뚫어져라 본다. 내가 이 사람 뒤를 보니 그 사람도 뒤를 본다.

　앗! 이건 기(氣)다 - 기(氣)를 아들한테 주면 아들은 반드시 세상 밖으로 나올 것만 같다. 시간이 없다. 아들을 살려야만 한다. 지나가는 택시를 붙잡아 타고 오산 스마일 점포 앞마당에 도착했다. 미리 내어 놓은 평상에 앉아 있던 동네사람 세분이 나를 반기었다. 나는 세분에게만 물건을 팔고 점포문을 닫아 버렸다. 점포 안에는 잡화생활 필수품 국민학교 옆이라 문구도 있다. 원고지도 듬뿍 쌓여 있다.

　시간이 없다. 밤이고 낮이고 쓰기만 했다. 5일 동안 쓴 원고지는 1,800장이었고, 서둘러 서울행 기차를 탔다. 물어서 찾은 출판사는 시인이 대표인 들꽃출판사였고, 출판사 사장님께 아들 때문에 쓴 글이니 책으로 내주시기를 말했다.

　원고지를 출판사에 주고 그 다음날, 책 2권이 급히 나온다고 한다. 나는 그 다음날 서울행 기차를 타고 들꽃출판사 문을 열고 들어가 책 50권 값을 지불하고 서울 수도권 캠퍼스 총장실 문을 열었다.

　혹! 시간이 나시면 다른 글은 보지 마시고, 별두점한테 어서 예수님 믿고 병 나으라고 기도 한번만 부탁 드립니다 하고 돌아섰다. 찾아가는 캠퍼스 총장님은 차비하라고 돈을 내민다. 나는 모두 거절했다.

그 도시 지방 교육청에 무슨 대학교가 있는지 물어보고 싶었다. 책은 딱 2권이 남았다. 내 몸은 전라남도 순천에 있었고, 마지막 2권이 있는데 1권은 순천대학교에 주고 1권은 내가 갖고 싶었다.

순천대학교 총장님을 만나고 기차역에 와서 익산을 거쳐 서울로 가는 열차를 탔다. 열차는 남원을 거쳐 기와집으로 된 전주역에 선다. 전주 전북대는 내가 아는 길이다. 쉽게 차에서 내려 전북대로 가는 버스를 타고 전북대 앞에서 내렸다. 총장실을 찾을까 했으나 교무실 문을 열었다. 여교수님이 반긴다.

이 책을 교수님께 드리고 싶어서 왔다고 하고 가볍게 인사하고 등을 돌렸다. 등 뒤에서 여교수님이 강의시간 내어 드릴테니 시간이 있느냐고 묻는다.

나는 시간이 없으므로… (시간이 아깝고) 어서 빨리 열번도 더 절했다. 아들 잘 때 한번 성공하는 뜨끈한 팩으로 굳어가는 목, 허리에 얹어주기 위해서다. 나는 아들에게 해줄수 있는 게 아들이 잠들때 팩 물리치료다. 이런 일이 기다리고 있어 시간이 없다 말하고 급히 나왔다.

엄마가 괴롭히고 성가시게 하면 죽어 없어진다고 말하던 사랑하는 내 아들은 방에서 세상 밖으로 나올 생각은 전혀 없다. 아니 아들이 잘못되는 일보다, 방에 갇혀 있어도 나는 백배, 천배나 아들이 고마웠다.

다음 글은 '사십일의 일기' 본문 별두점에 있습니다.

글 쓰는 작가님도, 교수님도 책을 내달라 부탁을 해도 불경기라 거절했다고 말씀하신 사장님은 40일의 일기를 책으로 불시에 2천권을 만드셨고, 책은 세상에 나왔고, 아들도 밝은 얼굴로 세상 밖으로 나와 몸도 완쾌되고 소심한 마음으로 직장을 잘 다니고 있습니다.

　서울 도서출판 들꽃 문창길 사장님!

　2004년에 인사 올리지 못하고 2022년 10월에 다 지나가고 이제사 책을 내주어서 고맙습니다.

　"인사 올립니다."

인연으로 맺은 언니

 기차는 찌그럭! 찌그럭! 칙칙폭폭 기운차게 떠나고, 자동차는 윙~웅징스럽게 떠나고, 배는 떠날때 - 물결위 날으는 갈매기는 울고 출렁이는 물소리는 배고동소리와 아울러져 슬픔을 남기는 긴 - 고동소리 사람들의 가슴에 허접함을 느낀다.
 배 떠난 부둣가에 검은 연기만 남았네 노랫말 있고, 검은 연기만 남아있는 부둣가에서 1km쯤 못 걸어 가면 대창상회가 있다. 대창상회 언니는 친한 언니다. 나는 밤이고 낮이고 왜 이렇게 자궁으로 피만 나오는지… 걷지도 못한다. 일어날 수도 없고 앉을수도 없다. 모든게 다 빙빙 돌고 어지러워서 누워서 눈을 감고 있으면 어지러움에 참을 수 없다.
 어느 날, 대창상회 언니가 내집 방문을 열어보고 소스라치게 놀랜다. 언니는 급히 방으로 들어와 방바닥도, 입고 있는 옷도 피로 범벅이 된 나를 수건으로 전부 닦아내고 장롱에서 옷을 꺼내 입히고 밖으로 나간다. 나를 깨끗이 해 놓고 가버린줄 알았던 그 언니는 곧바로 여수 중앙시장 토목점에 가서 면마를 사서 100m로 길이로 잘라내어 40개의 맨스대를 만들어서 내게 주었다. 면마 1톤은 100m터 길이로 40개를 자를 수 있는 길이다. 이 40개의 면마를 선물로 받은 나는 이제서야 고맙습니다. 이 세상에서 대창상회 언니가 천사님이 내려오신게 아닐까 생각이 든다.
 언니! 보고 싶어요!
 여수를 떠난 저는 대창상회 언니를 단 한번도 본적이 없습니다. 어디서 어떻게 사시는지… 꼭 한번만이라도 보고 싶습니다.

아들은 아들이기 전에 친구입니다.

난 친구가 있었기에 여기까지 왔습니다.

아들아! 네가 망했을때 백명의 친구가 떠난다 해도 그 와중에 단 한 사람만 남아 있는 친구가 있다면 너는 외롭지 않다. 그 소중한 친구를 네가 만들어라. 단 친구가 어려운 말을 해 왔을 때는 '돈을 좀 빌려 달라고 하면' '일이백은 받을 생각 말고 주어라.' '주면서도 친구를 편하게 해야 한다. 친구야 좀 더 보태야 하는데 집안에 일이 있어서 미안하구나!'

큰 돈을 주면 돈 잃고 친구 잃고 가슴 쓰리고 피하도록 해라.

아버지가 친구 보증서고 집도 팔아서 보증선 빚을 다 갚지도 못하고 칙칙한 지하에서 살아서 서울 우리 집으로 오서서 살라고 해도 완강히 거부하시고 나도 사는게 사는게 아니구나! 미안하다! - 친구는 이해를 한다. 친구는 너를 더 따뜻하게 대해줄 것이다.

600kg의 대포알

아들은 대학 1학년을 끝내고 2학년이 돼서 초기에 전곡 제2포병 부대로 군복직을 했다. 성적 A+를 받고 머리 좋은 대학생들을 골라 포병을 만든다. 귀를 3번 막고 6명이 600kg의 포를 어깨에 메고 정확한 각도로 이북에서 멀리 떨어진 산골짜기에 대포를 떨어뜨려야 하는 일을 하루에 6번 쏘아야 한다. 조금이라도 각도가 일치되지 않고 이북에 떨어지면 전쟁이 일어나는 위험한 포 쏘는 작업이다.

한국에서 이북에 보내는 공포 탄알이다. 이 때도 몸이 아프고 힘들었다고 제대를 하고 나서야 말을 한다.

"왜 아프다고 집에 알리지 않았니?"

"부모님 걱정하실까봐"

안간힘으로 버티었다고 한다. 이 말을 들은 부모님은 살집이 찢기듯 아팠다.(사십일의 일기 안에 있습니다.) 아들은 점심 사먹으라고 돈을 주면 제일 싼 점심을 사먹고 남은 돈은 싸구려 옷과 신발을 사서 신는다(부모에게는 착한 아들이다).

아들은 학교에 제적서를 내고 복귀했다. 돈 많은 자식들은 자가용 타고 학교를 다니면서 뽐내고… 아들은 자전거 바퀴를 돌리고 모현동에서 학교까지 먼 거리를 다니면서도 짜증 한번 낸 적이 없다. 아들은 학교 공부도 썩 잘했고 단 한번도 빠진일 없이 강의 시간 맞추었다. 발 없는 시간은 자꾸 가서 4학년 졸업식도 얼마 남지 않았다.

학교 수업을 마치고 집에 돌아온 아들은… 엄마 매춘 내 책꽂이에서 보셨으면 무조건 내 놓으라고 한다. 엄마… 매춘 그런 책이나 읽고 다니는게 학생이냐고 오히려 따져 물었다. 아들… 빨리! 빨리! 리포트 쓰고 매점에 갔다 주어야 한다고 급히 말을 한다.

매춘 엄마 고물 끄는 할아버지한테 주었다.

(아들은 자지러지게 놀랜다.)

(엄마가 버렸으니 엄마가 찾아오라고 한다.)

교수님이 매춘을 리포트 해오는 학생만 졸업장을 준다는 소중한 책!

학생들 졸업장 못타면 엄마가 책임져야만!

겁도 났다. 밤을 뜬 눈으로 새우고 이른 아침부터 고물상을 찾아가 내가 버릴때 혹시나 누가 매춘을 볼까봐 매춘을 신문지로 여러번 싸고 또 싸고 그것도 안심이 안돼서 박스 속에 넣고 줄로 튼튼히 묶어서 버렸기에 행여나 이 속안에 있나 고물상에 있는 박스를 뒤졌다. 시간이 없다. 이른 아침부터 폐지를 실어오는 큰 대형차는 쇠이빨이 달린 기계를 대형 트럭에 싣고 와서 다시 쇠집게로 물어 폐지를 대형 트럭에 싣고 가버리면 끝이다. 없어진 매춘을 찾는 일은 힘들었다.

마음은 떨리고 안절부절하다. 고물상 주인도 같이 찾았거만 매춘은 바람처럼 사라져 버리고 저녁때쯤 집에 오니 아들은 집에 없었다.

나는 아들이 오기 전에 서둘러 택시를 급히 타고 원광대학교 서점에 들렀다. 서점 주인한테 매춘이 없어졌으니 책값은 열배로 물어 준다고 했다. 서점 주인은 깜짝 놀라고 서점주인… 학생들이 줄 서서 기다리고 딱! 한권 밖에 없는 책을 1번으로 빌려 갔으니 매춘을 급히 가져오라고 한다.

  집에 온 나는 114에 물어서 우리나라 서점 일대를 모조리 전화 했지만 매춘은 없다고 했다. 다음날 다시 서점으로 가서 매춘 잃어버린 값을 50배로 물어드릴테니 돈을 좀 받으라고 말을 하니 서점주인…돈은 받을 수 없고 학생들이 재촉하니 빨리 매춘을 가져오라고 화난 소리를 한다.

  돈으로도 안되고, 전국 서점에 전화해도 매춘은 없고, 이제는 나도 화가 치밀어 올랐다. 찾을 수 없는 매춘을 무슨 수로 찾느냐고 불같이 성질을 내고 여기서 해결이 안되니 총장실을 찾아가 매춘 과제를 내준 교수님을 학생 교육좀 잘 시키라고 훈육을 주라고 할테니 나는 지금 총장실을 가야겠다고 문 옆으로 오니 서점주인은 나를 잡고 의자에 조용히 앉힌 다음 책값만 내시고 가시면 된다고 한다. 미안하니까 책값을 더 드린다고 해도 일부의 책값은 받아야 된다고 조용히 말을 한다.

  다음날 아들은 매춘을 찾아오라는 말이 없었다.

매춘

아들은 학교에 가고 집에 없다. 아들 방에 들어가 책꽂이에 책을 정리하다 매춘을 보았다. 야가 한다는 공부는 안하고 매춘을 보니 나도 매춘이 어떤 존재인지 궁금해서 읽어 보았다.

남편은 대학 교수이고, 부인은 작가였다.

남편은 부인한테 정조에 대해서 물었다. 부인은… 나는 정조는 개의치 않고 오직 마음이 더 중요하다고 대답했다.

개의치 않다고 말한 부인은 그날로 이혼하고, 한 푼의 위자료도 못 받고 쫓겨나 부모, 형제, 친구를 등지고 멀리 멀리 떠난다. 떠도는 신세가 되다 보니 병이 들었다. 약살 돈도 없고 병은 심해가고 심한 기침은 폐암으로 번져 각혈을 하고 혼자서 쓸쓸히 생을 마감한다. 안타까운 일이다.

이제 와서 생각하면 매춘을 리포터 해 오면 졸업장을 주겠다고 하신 교수님은 진정 제자인 학생들을 사랑했고 아끼는 마음에서 제자들을 바르게 살아가기를 바라셨을 교수님께 진심으로 미안합니다. 그리고 존경합니다.

바른 마음으로 결혼해서 자식 낳고 이혼하고 남의 것을 욕심내지 말고 탐욕에 눈을 감고 가정을 흔들림 없이 잘 살기를 바라는 교수님의 훌륭하신 교훈을 저는 이제사 한없이 미안합니다.

다시 시작되는 선생님과 제자

6.25 전쟁때 38선에 금을 놓고 했던 분이 맥아더장군이다. 인민군(빨치산)을 토벌작전으로 지금의 서울 위쪽으로 서해안 쪽에서 동해쪽으로 가로 막고, 전투 빨치산 토벌작전이다.

위에서 부터 아래로 점령하고 다시 올라와 지금의 이북을 점령하고 북만주까지 쳐들어갈 작전을 세웠다. 이때 당시 미국 대통령은 맥아더의 용맹함에 내 자리도 탐내지 않나 겁을 먹고 미국 대통령은 "맥아더는 이제 평민으로 돌아가라" (훈장을 떼어버렸다.)

맥아더는 "무기는 녹슬지 않는다! 무기여 잘 있거라!" 이 말을 남기고 민간인이 되었다. 맥아더는 정치에 관심이 없는데도 그대로 믿고 이북을 점령했으면 분단이 가로 막히는 일은 없었을 것을… 맥아더는 조선을 떠났고, 두 갈래로 갈라진 남쪽 사람들의 생활은 몹시 힘들었다.

1953년에 6·25는 끝났지만 살기 힘들었다. 생활고에 힘드신 교수님은 이리 중앙국민학교에 야간 남녀 국립공학을 설립하고 학생들을 모집하고 글을 가르쳤다. 국어, 생물, 사회, 물상, 지금의 수학은 (대수 기하)로 책표지에 써 있다.

나는 야간 남녀공학에 1학년으로 들어갔다. 새 학기는 시작되고,

시간마다 선생님이 바뀌는 교실에서 공부를 했다. 내 머리가 나쁜 건지 좋은 건지 다른 교과서는 성적이 저질이고 (기하 대수), 물상(지금의 과학)은 이해하고 원리를 잘 터득하면 이해가 되고, 아주 쉽게 배우니 재미가 있고, (대수와 기하)는 분자와 분모를 (숫자)를 요리저리 맞추고 보면 답이 나오는 공법을 알아내는 식 때문에 교단에 계시는 선생님께서 내 곁으로 와 교과서를 쥐고 내 머리 뒤통수를 엄청 때렸다. 대수와 기하 시간마다 맞다 보니 언제나 뒷쪽 머리는 통통 붓고 윙! 하고 아프다. 이때 나는 선생님께서 왜 때리는지를 눈치를 채지 못하고 약이 올라 뒷뺑새 호칭을 만들고, 쉬는시간 마다 뒷뺑새 떴다 앞뺑새 떴다. 학생들 소리… 앞뺑새 떴다. 마침 대수 기하 선생님이 교실에 들어온다.

    우리는 모두 킥! 킥! 웃는다.(학생들하고 나는 선생님을 놀리고 있으니 이때의 기분이야 말로 신난다.)

    선생님 기분은 매우 좋지 않은지 입술이 쭉! 내밀어진다. 선생님의 화난 모습에 우리반 학생들은 숨도 제대로 못쉬고 기죽고 몸도 얼어 붙는듯 했다.

    내가 왜? 나서방이었는지… 다만 선생님 보다도 먼저 답을 알아내고 발표를 했기 때문에 선생님은 나의 뒤머리를 때린 것이다. 먼저 알아낸 제자가 방해가 되서 때리기도 지치셨는지, 내 머리는 안때리고 운동장 옆으로 바위 위에 열쇠를 깜빡 잊고 두고 왔으니 운동장에 갔다 오라고 한다.

    나는 운동장으로 뛰어가 바위 아래 위를 다 보아도 열쇠는 없었다. 시간은 빠르게 지나가고 교실 안으로 들어가 보면 선생님은 없다. 수업시간을 놓쳤다. 또 기하나 대수 시간만 되면 문구점에 가서 분필 한갑 사오라고 이십원을 준다. 교실 칠판 아래 각구진 틀에 분필이 있는데도… 세개나 분필이 있는데도… 나는 부야가 났다. 나를 수업시간에 못들어 오게 하는 선생님의 수단이다.

  이런 저런 핑계로 수업시간을 놓쳐도 나는 선생님 보다 더 일인자가 되고 싶었다. 대수기하는 아주 일인자가 되어서 잘했습니다.

일인자의 욕심

일인자의 욕심은 왕의 자리도 피를 보도록 했고, 맥아더를 군대에서 짤라 버렸고, 짚신장사도 1인자의 욕심이 있었다.

짚신장사와 아들
아버지와 아들이 살면서 짚신(논에 모를 심어 익으면, 가을에 추수하고 남은 긴 풀을 말려서 노랗게 되면 잘 끊어지질 않는다. 이 재료를 비벼 엮어서 길게 줄을 만들고 그 줄로 신을 만든다)을 만들어 시장에 내다 팔았다.

아버지와 아들은 똑같이 짚신을 만들어 시장에 내다 팔았다. 아버지 짚신은 1컬레도 남지않고 다 팔렸으나 아들의 짚신은 한컬레도 팔리지 못하고 집으로 왔다. 아들이 보기엔 아버지 짚신과 내 짚신이 똑같아 보였는데 아버지 짚신만 팔리고 내 것은 남아 있으니 이상한 일이었다.

늙으시도록 짚신 장사하신 아버지는 병들어 곧 세상을 떠나실 직전에 놓이셨다. 아버지… 아들아 짚신 수염을 뜯으라! 아버지는 숨을 거두시었다. 아들은 아버지가 만든 짚신을 보니 수염이 없고 깨끗했다.

아들은 아버지의 그 욕심 일인자가 되고 싶어서 친아들한테 알려주지 않고 숨을 거둘때서야 비로소 일인자 자리를 내놓은 것이다.

나는 나이도 어리고, 철도 없고, 무조권 1등만 하고 싶었는데 선생님께서는 그날 배울 기하 대수 문제를 칠판에 다 적어야 하는데 내가 일어나서 먼저 다 말해버리니 방해가 된 것이었다.

앞뺑새 뒷뺑새는 학교 전체를 휘젓고 선생님만 지나가면 학생들은 깔깔 웃고, 놀림당한 선생님은 학교에 오시지 않았다. 다음 대수 기하 선생님은 엄청 무서웠다.

나는 나서방! 하는 일도 그만 두었다.

수업시간에 유리창만 보아도 손바닥이 벌겋게 물들도록 때렸고, 몸만 조금 돌려도 분필을 던졌고, 호랑이처럼 무서웠다. 이후, 얼마나 많은 세월이 흘러갔고 이제서야 미안한 마음 그지 없다.

우리를 진심으로 아껴 주셨던 선생님! 선생님을 생각하면 마음이 저려온다. 지금은 어느 곳에 계시온지 잘 지내셨으면 한다.

고속버스 기사님!

거제 박물관에 계시는 옥미조 원장님과 우리는 이별의 시간이 되어 아침일찍 서둘렀다. 익산 모현동 집으로 보내는 택배 짐을 집으로 부쳐달라고 부탁하고 원장님 사모님 아직 남은 이곳 순리원의 집에서 병고치는 분께… 이별의 아쉬움 남기고 떠났다. 거제도 통영으로 와서 아들도 나는 부산으로 가는 고속버스 터미널에서 기다리고 있었다. 차츰 시간이 되고 사람들이 모여들자 줄 서려고 고속버스 문쪽으로 온다. 나는 재빠르게 맨 앞자리를 1번으로 서서 차를 기다렸다.

이윽고 차는 들어오고 아들과 나는 차 안으로 들어갔다. 기사님이 우리를 보고 낮은 자세로 허리를 굽신 하면서 (어서 오십시오) 비단 우리 뿐만 아니고 버스 안에 들어오는 분마다 인사하고 반긴다.

흰 얼굴에 순해 보이는 인상이다. 아들은 맨 앞자리에 앉고 나는 아들 뒷자리 창문 쪽으로 앉았다. 이때는 차 안에 좌석번호표가 없었고 내가 앉고 싶은 자리에 앉는다. 먼 거리에 지친 아들은 깊이 잠들어 있고, 나는 깨어 있었다.

나는 걱정이 되었다. 부산 침례병원 맨 끝자락인 이곳 병원까지 와서 병을 고치지 못하면 아들의 절망감도 생각 해보고, 아들이 병원 밥에 기력이 약해지지나 않을까… 나야 순리원에 있을때 조카 부부가 미수가루 한 자루를 간식으로 먹으라고 해준 식량이 있으니 떼우면 될 일이고, 아들한테 우유도 사주고 싶고 맛있는 빵도 사주고 싶고, 여의치 않는 돈도 걱정이고, 앞으로의 일이 암담했다. 착찹한 마음으로 유리창 밖을 보니 언덕길이 보인다. 이때 차가 멈춘다.

기사님의 말… 이곳은 차가 서는 곳이 아닙니다. 바로 저기 보이는 곳이 침례병원입니다. 터미널까지 갈려면 길도 멀고 또 다시 돌아오려면 길도 복잡합니다.

기사님은 잠든 아들을 가만 가만 흔들어 깨우고 아들을 부축하고 차에서 내린다. 기사님은 내가 버스를 타고 오기 전에 옷이 든 캐리어와 미수가루가 든 자루 2개를 차 트렁크에 실으셨고, 쉽게 꺼내어 땅에 내려놓고는 "언덕이 미끄러우니 조심히 내려가세요." 당부하고 차는 이내 달린다.

나는 기사님의 고마움이 쉽게 지워지지 않아 차 뒤끝이 보이지 않을때 까지 바라보았다.

침례병원은 내 아들이 먼데서 왔다고 그날로 바로 입원실을 주었다. 고마웠다.(침례병원의 생활은 40일의 일기 별 두점에 있습니다.)

산 밑에 자리 잡은 침례병원은 산 속이라 공기가 무척 맑았다. 침례병원 빌딩 위에 침례교회가 있고 나는 이른 새벽마다 교회 예배를 드렸다. 기사님의 고마움이 여운으로 눈 속에 그려져서 "하느님! 우리를 도와준 기사님께도 모두의 기사님도 안전운행 할 수 있도록 지켜 주시고 도와주십시오." 내 기도가 모든 기사님께 전달되었으면 합니다.

만약에 고속버스 터미널에서 내렸다면 참 힘들었겠지요. 기사님이 그 얼마나 고마운 일인지요. 그때의 나이는 50쯤 되어 보였으니 지금은 운전을 내려놓고 쉬고 계시리라 믿습니다. 아무쪼록 평강하시옵기를 기원합니다.

엄마의 이력서

아들과 나와의 시간이 그리 길지는 않을 것 같다.

A. 밥하는 법 : 먹을만큼만 쌀을 꺼내어 깨끗한 용기에 담고 물로 두 번 헹구고 밥솥에 붓고 물은 손등에 닿을수 있도록 붓고 밥을 하고,

B. 국을 끓일 때 처음 간을 보고, 끓을 때 간을 보면 매우 짜니 미리서 간을 보세요.

C. 세탁을 하고 나서 즉시 빨래한 세탁물을 꺼내 털어서 널어 말리세요.

D. 웬만한 옷은 집에서 다리미 해서 입으세요.

E. 마이 上下는 세탁소에 맡기세요. 점퍼도 함께 맡기세요.

F. 출근 직전 목욕불 꺼졌나 확인하세요.

G. 창문은 잠겼나 확인 하세요.

F. 문밖으로 나갈때 다시 한번 확인하세요.

아들과 나와의 시간이 조여들고 아들이 눈치챌까봐 느릿느릿 알려주고 있다. 아들은 아들이기 전에 친구입니다. 엄마는 아들 친구였기에 외롭진 안았다.

사랑하는 아들! 아! 고맙다.

펜티

퇴계로 육교의 밤은 길어가고 우뚝선 대한극장 저 그림이 나와 같구나.
못 잊어라!
보고파라!
그날 밤!
그 사람이 우리에게 남긴 긴 여운!

그 사람은 살아생전에 무던히도 고생하신 분이시다.
몸은 아프지!
시집 못간 여동생 챙겨야지!
교통사고 당하신 어머님 챙겨야지!
이분도 새 펜티는 못 입으시고 하늘나라에 가셨다.
삼가 고인의 명복을 빕니다.

서울대병원 류마티스과

18년 전 그 해의 일이었다. 텔레비전에 서울대병원 류마티스과 의사님이 나오셔서 굳어가는 허리병을 고칠 수 있다고 상세히 설명하고 사람 인체에 대한 그림을 그리면서 말씀하셨다. 참 유명하신 의사님을 잊지 못해 아들을 데리고 서울대병원을 올라가자니 길은 높고 무진장 힘들었다.

택시를 미리서 타자고 아들한테 말을 하니 돈을 아끼라고 그냥 걸어 올라가자고 한다. 길고 힘든 고개 넘어 류마티스과 문을 열고 들어갔다. 의사님은 아들 접수를 미리 아셨는지 빨리 한양대병원 류마티스과로 가라고 급히 말한다. 나는 의사님과 면담도 못한채 택시를 타고 한양대병원 류마티스과에 접수를 하고 기다렸다. 집을 팔아서라도 아들의 병을 고쳐주고 싶었다. 아예 병원에 입원할수 있냐고 물었더니 4년 지나고 6개월 오면 입원할수 있다고 말을 한다.

나는 아들 몸이 굳어가고 급한데 4년 반쯤에 오라고 하니 기가 막히고 숨이 멎는 통증이 내 몸을 짓눌렀다. 그 자리에서 슬픈 눈물을 흘렸다. 마침 류마티스과 의사님이 이를 지켜보다가 순간적으로 아들을 입원시켰다. 환자가 6명이 있는 입원실은 깨끗했다. 6명의 환자 중에서 한 명이 역도 선수였고, 몸의 무게는 150kg 된다고 환자분 어머니가 말하고 두 판을 삶아온 계란을 단숨에 60개를 먹고 빈 계란 바구니는 두 개였다. 역도선수 바로 옆에 있던 아들을 찾지 못하고 있었다. 역도선수의 다리 하나가 사람 몸하고 비슷했다. 이 거구의 몸도 병이 난 것인지 입원한 역도선수 때문에 꽤나 놀랬다.

그 다음날도 역도선수는 점심밥 한 그릇을 후딱 먹고 또 계란 두 판을 순간 다 먹어버린다. 그 몸무게에 많이 먹는 역도선수가 한없이 불쌍했고 자식 낳아서 운동선수는 만들지 않기로 마음 먹었다.

아들 담당인 의사님은 유대현 교수님이었다. 교수님께서는 퍽이나 친절하셨다. 처음 알약은 일주일에 한번 먹는 노란 옷을 입은 둥, 그런 약의 양은 7(일)개였다. 일주일에 한번씩 먹는 약은 양재물 보다 독했다. 아들은 그 약을 먹고 10분쯤 지나면 살점이 찢겨져 나가는 통증을 한 시간 동안 참아내지만 통증은 가라앉질 않는다. 독한 약은 일년이 계속되고 2년차 부터 독한 약은 없어지고 8개의 약을 5-6년 먹었다. 7년이 지난 지금부터는 4달 그리고 7년이 지나고 부터는 작은 녹우 한 알 만큼의 크기로 된 3알의 약을 오늘 아침 이 시간까지 먹는다. 이 약도 일주일에 두 번 먹는다. 아들은 몸이 완쾌되었고, 직장을 17년째 다니고 있다. 생활하는데 불편함을 전혀 못느끼고 지장이 없다.

서울 한양대병원 류마티스과 3층은 전부 류마티스과 연구실이다. 우리나라의 제일 큰 인물! 류마티스과에서 발목이 꺾이어 발목 위로 병균이 올라가는 병 고쳐보려고 한국의 유명한 병원을 다녔지만 낫진 않고, 심해져 소문 듣고 찾아온 류마티스병원에서 내 발을 씻은듯이 고쳐 주었다고 말하고는 신었던 양말 벗고 내가 발목을 보여준다. 깨끗했다. 이 분은 내 발목이 다 낫고 이제는 아프지도 않고 해서 병이 다 나았으니 그만 오라고 해도 하도 좋아서 계속 다닌다고 신나게 자랑한다.

문재인 대통령 임기 직전 텔레비전 화면에 잠깐 나오신 이낙연 부대통령님께서 하신 말씀이 있다. "국민이 편해야 나라가 편하다" 말씀하시고 임기 끝나면 외국으로 가신다고 하셨다. 이후로 다신 화면에 나오시지도 않고 나는 인자하신 이낙연님을 보진 못했다.

서울한양대병원 류마티스과 유대현 교수님은 인자하신 이낙연 얼굴을 쏙 빼 닮으셨다.

유대현 교수님을 나는 죽기 전까지 잊을 수 없는 분이다.
유대현 교수님!
"존경합니다"
류마티스 강좌 설교에서 들은 말이다.

병은 오랜 세월동안 치료하면 결국 나을수 있는 기쁨도 있다고 교수님이 말씀하셨다. 나는 아들이 먹는 약도 줄어들었고, 일주일에 한 번 먹는 약은 녹두알 만큼의 크기 3알의 약도 곧 없어질 수 있다고 기대도 해본다.

모든 일 잘 되어 가고 아들도 병이 호전되었으니… 아들은 1975년생이고 이때금 낮은 자세로 직장에서 일하고 있다. 착한 아들은 차근차근 올라가 차장이었고, 차장 위 팀장을 해보라는 사장님 말을 외면하고 직장 일을 잘 하고 있다. 마음 착한 규수를 만나 결혼하고 아들 딸 낳고 오손 도손 웃으면서 살았으면 한다.

아들이 결혼하면 나는 익산 고향집으로 급히 내려간다.

아들아! 바쁜 시간에 붐비며 살면서 부담되는 고향에 오가는 일이랑 하지 말고 전화도 하지 마라! 다만 폰으로 찍은 동영상 속에 예쁘고 귀하디 귀한 우리 며느님! 토끼같이 예쁜 아가들! 사랑하는 우리 아들! 보내면 된다. 남은 인생은 고향에서 보낼 것이고, 너희가 항상 따뜻하게 살기를 기도할 것이다. 엄마의 바람은 항상 웃으면서 살기를 바란다.

외할머니와 외손자

외할머니와 외손자에 대한 글을 쓰려고 하니 눈에서 눈물이 주르륵 흐른다.

아~ 아~ 엄마는 어디 가고… 방바닥은 싸늘하게 식어 있고, 위풍은 매우 차갑고 어린 외손자가 입고 있는 옷은 얇고 내 목에 둘러 있는 마후라를 벗어 외손자 목에 매어줬다. 할머니가 준 천원짜리 1장을 쥐고 외손자는 밖으로 뛰어나가 버린다.

나도 아들이 살고 있는 서울집으로 갈려고 밖으로 나왔다. 외손자와 나는 마주쳤다. 나이 어린 손자는 먹고 싶은 과자도 많을텐데… 돈을 아끼려고 한손에 든 것은 작은 우유팩이었고 나머지 한손에는 동전을 쥐고 있다. 측은하고 안쓰러웠다.

나는 손자가 둘르고 있는 마우라를 바람이 들어가지 않도록 잘 매워주고 떨어지지 않는 발길을 옮겼다. 외손자도 나를 보고 나도 외손자를 보고, 외손자의 얼굴은 할머니를 바라보면서 돌아간다.

나는 눈에서 피섞인 눈물이 수없이 흐르고, 가슴도 쓰렸다. 어린 손자가 외할머니를 바라보는 서운함…! 이런 일들은 지상에서 없어졌으면 한다.

먼 지나간 그날! 그 시간 느릿느릿 돌아가는 주마등이 보이고 그

속에 어린 손자가 마후라를 목에 두른채 두 깃의 모습으로 서 있다. 키 작은 아가는 한 손에 우우팩을 들고 다른 한 손엔 동전을 쥐고!(아가야! 이제는 그만 서운해 하거라!)

　팬티는 우리 일상생활 틀에 끼어 밥그릇이 되었으면 한다. (밥 한 그릇에는 눈물도 있고! 사람도 있고! 노력도 있고! 이 밥이 식지 않도록 우리 모두에게 바란다. 내일 팬티를 들고 인쇄소 사장님을 찾아가 (프린터) 쳐 줄수 있느냐고 말을 한다.

　펜티를 본 사장님은 기가 찬 일이다. 너덜 너덜 꿰멘 팬티는 천해 보이고 매춘보다 더 더러운 팬티에 화도 나고, 펜티와 나는 문 밖으로 쫓겨났다. 이재성 의원님의 웃음으로 나도 웃으니 마음이 편했다.

．

소원

　내가 존경하고 사랑했던 님은 별이 되어 마누라를 지켜 보겠지요. 살아 생전에 마누라 손 잡고 배산공원 한 번만이라도 걸어보자고 소원했던 이 길을 당신이 걷던 이 길을!
　당신도 혼자이고, 나도 혼자다.
　어제도 혼자이고 오늘도 혼자다.
　내일도 나의 뒷모습은 초라하겠지!
　별두점한테 기도해 주신 분에게 경의합니다.
　우리 모두가 행복하시기를 기원합니다.

서기 1922년 10월 15일
별이 잠든 밤에

매일 맞는 매

나를 도둑으로 취급하고 매일 때리는 매는 억울하고 무서웠다.
처음 저녁때 "당신 돈 통에 돈 치웠냐?"
그 다음날 저녁때도 "돈통 돈 어디 있냐?"고 애기들 아빠가 돈에 대한 출처를 물었으나 나는 전혀… 왜 돈통에 있어야 할 돈이 없는지 통 모르겠다.

이 무렵 여수는 강물이 흘러가는 앞쪽으로 나란히 집들이 줄지어 있었고, 줄지어 있는 가운데 이층으로 지어진 집에서 나는 살고 있었다. 이 이층집에서 가게를 보았다. 매일 매일 산더미 같은 물품이 들어왔다. 콜라, 사이다, 오란씨 차가 와서 가게 앞에 쌓아 놓는다. 무려 50 상자는 애기들 아빠가 직접 싣고 가 배달해 주고 물건값을 받아 오신다. 또 소주 상자에 40각기는 술 상자에 든 소주 작은병 40개였고, 맥주 20각기, 음료수는 24각기 여수에서는 이런 식으로 상품 이름을 부른다.

애기들 아빠는 매일 매일 배달하고 수금하는 돈이 많았다. 여수 선착장은 오가는 배들이 엄청 많다. 선착장 쪽으로 밥 팔고, 음료수 팔고, 술 팔고 하는 가게는 모두 똑같이 두 평이었고, 가게는 이른아침부터 문을 열고 손님을 맞아 장사를 한다. 두 평쯤 되는 가게는 선창가 쪽으로 꽉 차 있다. 술 먹고 밥 먹고 음료수 먹고 하는 이들이 이른 아침부터 밤늦게까지 오동추 노래를 부르고 술상을 두드리고 노래소리 부르는 앞쪽으로는 땅위에 놓고 파는 물건들이 길게 늘어져 있다. 늘어진 앞쪽으로는 큰 점포들이 꽉 차 있고 돈이 샘물처럼 솟아나는 여수시는 부자다. 시 자체가 부자다.

내가 사는 우리 집도 시가 부자인 여수시에서 장사를 하니 엄청 장사는 잘 되고 돈통에 돈은 가득하고, 내가 판 물건값, 애기들 아빠가 수금해 온 돈은 모조리 돈통에 들어 갔고, 그 돈을 저녁때쯤 애기들 아빠는 간추리 한다. 돈통에 있어야 할 돈이 몇만원 정도니 애기들 아빠는 내게 왔다. 마지막 간추리하는 돈엔 나는 개념이 없고, 돈을 꺼내본 일도 없다. 하루 지나고 이틀 지나고 삼일째 부터는 딴주머니 찬다고 화를 내고 때린다.

이 도둑년아! 돈 내놓으라고 떠밀고 발로 차고 머리끄댕이 잡고 끌고 아무 물건이나 잡고 던지고, 깨진 맥주병도 던지고, 얻어맞은 이마에선 피가 줄줄 흐르고, 사다리 들고 던진 매는 손가락이 뿌러지고 발목이 금이 가고, 도둑년 소리는 길가는 사람들이 들릴수 있도록 소리 지르고… 매일 매일 찾아오는 아침해는 뜨고 나는 매를 맞고 또 맞고 하면서도 찾아오는 손님이 고마워 가게 문을 열고 가게를 본다.

도둑년 딴주머니 차고 어느놈한테 주냐고, 이년이 바람이 났다고 때리고, 얻어 맞고도 생각 같아선 문 쳐닫고 이불 뒤집어 쓰고 방에 들어가고 싶었지만 내가 문닫으면 소상인들이 많은 지장을 받는다. 찾아오는 분들은 내 물건을 사다 가게를 보니 가게 문을 열고 가게를 봐도 약 30만원쯤 매상이 오른다. 이 돈도 애기들 아빠가 챙긴다. 하지만 돈통 속에 돈은 없다. 주먹으로 맞는 매는 혹독하고 무섭고 소름이 끼친다.

애기들 아빠는 날이 녹슨 작은 도끼를 들고 "이 도둑년아! 훔친 돈 다 내 놓아"라고 고함지른다. 쳐든 도끼로 맞으면 나는 죽는다. 무섭고 벌벌 온몸이 소름끼치고, 땅에 엎드린 채 하루 밤만 참아 주시면 돈 다 갖다 드리겠으니 하루 밤만 참아달라고 용서해 주라고 두 손으로 싹싹 빌었다. 이때껏 훔친돈 몽땅 드린다고 하니 그제서야 도끼를 구석진 곳으로 던지고 밖으로 나간다.

자백

훔친 돈을 내일까지 그 많은 돈울 무슨 수로 하늘에 떠 있는 별을 따오는 일보다 더 어렵다. 몸은 얼어서 움직일 수 없는 몸으로 식구들 밥을 해서 방안에 밀어 넣고 눈앞이 캄캄해서 아무것도 보이지 않는다.

옆에 있는 아들이 밥이 맛있는지 퍽! 퍽! 떠서 먹는 소리만 들린다.
이때 차가 문 앞에 쿡! 선다. 나는 기겁을 하고 몸을 흔든다.
"엄마 왜 그렇게 놀라?"
"돈은 없고 수금은 해 주어야만 하고"
"엄마 나 돈 많아"
"네가 무슨 돈이…"
힘없이 말하는 엄마의 손에 쉽게 통장 하나를 쥐어준다.
"엄마! 이 돈 다 엄마 가져"
통장을 보니 거금의 돈이 들어 있고, 애기들 아빠한테 도둑년이 어느놈한테 미쳐서 갖다 주느냐 도끼를 쳐들고 찍으려고 그 무서움에 소름끼치고…

하루만 참아주신다면 훔친 돈 모두 갔다 드릴테니 땅에 엎드려 사정하던 일, 돈을 구하기란 하늘에 별 따기 보다 더 힘들고, 모진매 독한 욕 머리 몽땅 비벼줘고 질질 끌어 구석에 처박고 발로 쿡! 쿡! 밟고 차라리 이때 도망을 갔더라면 좋았을 것을……

지금처럼 쉽게 맡기는 곳도 없고, 서울로 도망 가 남의 집 식모라도 살면 싶었으나 내게는 아직 젖먹이 딸이 있고 그 위로 세살 딸이 있으니 두 딸 때문에 도망 갈수도 없고 내게는 돈도 없고 집을 떠나면 두 딸을 데리고 어디서 잠을 자고 밥은 돈이 없으니 젖먹이 딸은 업고, 둘째는 손잡고 얻어먹어야 하고, 내 신세가 기가 막히다.

그 많은 돈!

그 많은 돈이 눈에 들어 왔으니
나는! 나는! 아들의 계모인 나는 여러분에게 묻고 싶습니다.
길가다 천원 한장만 잃어버려도 속상한데 애기들 아빠는 평생토록 나를 도둑년 취급할테고 한번 도둑년은 영원한 도둑이 되고, 도둑의 누명만은 벗고 싶었다. 통장을 본 애기들 아빠는 도장도 챙기고 통장도 호주머니 깊숙히 넣고 통장 넣은 호주머니를 손바닥으로 두번 누르고 방문 열고 막 밖으로 나가려는 순간! 나는 애기들 아빠를 붙잡고 제 말좀 들어 보세요.

"당신이 찾아 쓰면 안되는 돈입니다."

당황한 애기들 아빠는 획~ 밀어버린다. 나는 곧장 일어나 애기들 아빠를 붙잡고 사정을 해도 나를 밀친다.

"여보! 내가 이렇게 빌테니 그 통장 저를 주세요"

"왜 네가 가져야 하냐?"고 매스껍게 본다.

그 돈은 아들한테 돌려 주어야지 아들이 상처를 받지 않습니다. 제가 아들한테 주면서 말하겠습니다. 다시 통장을 보세요. 큰 돈을 날마다 입금시킬때마다 꼬리표에 적은 돈은 엄마가 맛있는 것 사먹고 옆에 있는 친구도 사주고 한 돈입니다.

이 용돈을 아들은 한푼도 쓰지 않고 저금을 했습니다. 아들을 실망시키지 말고 주어야 합니다. 애기들 아빠는 통장을 방바닥에 놓고, 슬그머니 밖으로 나가 버린다.

이 시간은 이른 밤이었고 아들은 2층 방에 있었다.

엄마가 "사랑하는 아들!" 부르니 2층에서 계단을 밟고 내려온다.

나는 다시 한번 아들 이름을 부르며 "아들! 이 통장은 네가 잘 보관하고 엄마가 준 용돈도 저금 했구나!" 칭찬했더니 "엄마! 엄마가 준 용돈도 하나도 안쓰고 저금 했어요."라고 자랑하고 으시대면서 좋아서 몸도 흔들 흔들 한다.(착하고 착한 내 아들!)

"아들! 이 통장 네가 잘 보관하고 있다가 대학교 들어가면 쓸 돈이 많이 든다. 이 통장은 너만 알고 있는 곳에 깊숙이 숨겨 놓고 잘 간수해라. 도장도 같이…"

"엄마가 용돈을 줄테니 이제는 저금하지 말고 과자도 사서 먹고, 네가 필요한 학용품은 엄마가 별도로 줄테니 엄마가 준 용돈은 아끼지 말고 쓰거라."

이후로, 애기들 아빠도 나도 통장에 대해서는 전혀 묻지 않았다.

각혈이 모자란 사람에게 수혈은 누가 했을까…

 이때금 여수에서 생활하였고, 나는 하혈은 하지 않고 장사만 열심히 하였다.
 여수시 세무서에서는 장사하는 사람들 도매업체 등 '부가가치세'를 내는 도매업을 하는 사람들과 월말에 몇백만원어치를 파는 사람들에게 도매, 술대리점, 식품대리점 무조건 삼백만원도 주고 사백만원도 주는 돈 공짜 받는 부가가치세금이 있다.
 세무서측에서는 상인들이 물건을 많이 팔아서 이익을 수십배로 돈을 벌었으니 부가가치세 세금을 2개월마다 세금영수증에는 보통 50만원 백만원은 기본이다. 세무서에서 부과가치세 세금을 1년 반이나 되니 여수시 상점은 모조리 문을 닫아 버렸다.
 미국에서도 부과세를 성공 못하고 상인들 망하게 하고, 일본에서도 실패한 부과세금을 여수시 작은 도시에서 부과세 때문에 모두 망했다.
 내가 사는 집도 망하고 점포 문도 닫아버렸다. 여수에 와서 돈자랑 하지 말라고 했던 여수시가 어둑해졌다. 애기들 아빠의 고생이야말로 어찌 말로 다할 수 있을까. 식구들은 밥을 굶고 있으니 빈 공병을 주어다 고물상에 팔기도 하고, 기름이 찍찍 붙은 큰소주병을 주어와 양재물을 다라이에 붓고 물을 부어 맨손으로 작대기에 헝겊을 매고 빈병속에 넣고 깨끗이 씻어 술회사에 주면 돈이 생긴다. 이 어려운 살림에서도 막내아들을 낳았다. 낳은 날 그날 부터 동네에서 큰 사건(살인사건)이 일어났다.

남편이 자기 부인이 아기를 베어 배가 불룩 튀어 나온 배를 칼로 푹! 찔렀으니 그 일도 집안이 아니고 집 밖 신작로 길을 쫓겨나온 부인을… 피는 온 신작로에 범벅이 되고 바로 내가 사는 집에서 50미터에서 사건이 생겼으니, 철없는 작은(둘째)아들이 그 집 방에까지 갔다 때마침 둘째아들이 집에 들어왔다.

"아가! 사건 난 그곳에 가지 마라."
"예. 안가요.. 안가요.." 말을 한 아들이 한 20분쯤 지나 집안으로 들어왔다.
"너 그곳에 갔다 왔지?"
"예 우리반 친구라서 친구집 방에 들어가 친구 위로도 해주고 이야기도 하고 있다가 왔어요" 말하고 2층으로 올라가 버린다.
아뿔사!

이 일을 어떻게 한담? 나는 아기를 낳은 날부터 하혈을 했다. 18년이란 긴 세월을 보낼즈음 큰아들이 육군 중위로 근무하고 있었다. 이때 당시 중위의 월급은 히박했고, 예쁜 여자 만나 방 얻어 같이 살자고 약속하고 여수 애기들 아빠가 살고 있는 집으로 방값을 얻어 보려 왔다가 집안의 생활이 비참한 것을 보고…
"오빠 나 안경 맞춰줘!"

나이 어린 여동생 안경 맞추어 주고 손에는 과자봉지 들리고, 엄마는 하혈하고 누워 있으니 착한 큰아들은 엄마 몸속에 수혈도 해주고 말없이 가버린 아들!(나는 계모인데도…)
 착한 내 아들이 얼마나 불쌍한지…
 글을 쓰는 내 눈에 눈물이 쏟아진다.
 (그때 피같이 쏟아지는 눈물은 오늘 이 시간에도 하염없이 쏟아진다.)
 "아들! 정호야! 정호야!
 (눈물이 주체할 수 없다.)
 (멀리서 우리 아들이 실루엣의 그림자 되어)
 "엄마! 이제는 울지 말아요."

피를 흘리면서 따라다니는 그림자

서기 1970년 그 해 음력 10월 3일부터 하혈은 계속 되고, 나는 방바닥에 누워만 있었고, 쪼들리기만 하는 생활은 심해지고, 애기들 아빠는 빈 속 막걸리 한 사발에도 몸은 몽땅 취하고, 애기들 아빠는 사는 것이 오죽 했으면

"니가 죽으면 니도 편하고 나도 편하고"

나는 애기들 아빠한테 니가 죽으면 니도 편하고 나 편하고 조석으로 듣는 말에 나도 어서 죽었으면 했으나 왠지 굶고 있는 몸에 물 한 그릇만 먹어도 배고품이 가라앉고 애기들 아빠한테 미안하기만 했다.

나는 애기들 아빠가 따라다니는 피흘리는 그림자였다.

얼마나 힘들고 지친 몸이셨을까. 손잔등 위로 올라오는 양재물 풀고 기름때를 벗기려고 한 그 손은 모두 히끗히끗 다안중이 걸리고 그 지독한 양재물이 얼굴에 튀어와 얼굴은 군데 군데 다안중이 샹겼고,

불쌍해. 애기들 아빠가 너무 불쌍했다.

"니가 죽으면 니도 편하고, 나도 편하고" 으레 듣는 말이다.

얼마나 살기가 힘들었으면 방바닥만 차지하고 누워 있는게 불쌍했는지 타버린 연탄재 길에서 주어와 내 얼굴에 던져버리고 온기도 없는 찬방에 하혈한 채 누워 있지 말고 내 손으로 너를 죽이면 니도 편하고, 나도 편하고…

검은천으로 싼 긴 작대기 우산 방으로 들고와 나를 때리니 심하게 아프면서도 내가 당신한테 아무것도 해줄수 없으니 당연 맞아야 하고 니가 죽으면 니도 편하고 나도 편하고

니가 안죽으니 긴 사다리 들고 와 후려친다. 니가 얼마나 불쌍했으면 사다리로 쳐도 안죽고 살고 있으니…

피흘린 그림자는 애기들 아빠를 따라 다니면서 슬피 우니 애기들 아빠의 심정은 하늘이나 알테지요.

애기들 아빠 "아침에 하도 배가 고파 막걸리 한사발 먹다가 집에서 굶고 있는 니들 생각이 나서 산 계린이니 먹어라."(경상도 진주 말)
(주봉에서 꺼낸 물건은 40일의 일기에 있습니다.)
이날 애기들 아빠의 주신 선물에는 진한 사랑이 있었으니…

그새 동안 애기들 아빠하고 생활했던 아픈 매도, 사다리로 맞은 발목 흉터도, 뿌러진 손가락도 하느님께서 가져 가셨는지 애기들 아빠께 미안하기만 하다.

애기들 아빠가 하도 불쌍해서 나는 존경하고, 사랑했다.

당신을 사랑합니다.

나같은 죄인 만나서 미안합니다.

여기까지 왔는데도…

서기 1922년 10월 20일 여기까지 왔는데도 아들은 결혼을 하지 못했다. 잘 다려진 옷을 입고, 머리는 이용실을 안가고 우아브 나고 가방을 매니 대학시절에 찍은 그대로의 모습이다.

22년도 10월은 한해의 꼬리가 넘어 가기 전에 하늘에서 마음 착한 색시 뚝! 떨어지면 너의 뒷모습이 따스워 보이고..

후렴… 내가 살아나간 인생은 길지만, 내가 살아온 세월은 짧더라.

몹시 서운했던 3개의 학교

광주사범대학을 졸업과 동시에 장교 훈장을 받는다. 둘째아들이 필기는 합격했고, 면접 실기에서 치아 한개 썩었다고 불합격.

둘째 여동생이 서울 경희대 음대시험에서 성악 부르고 끝에서 글 한점 놓쳤다고 불합격…

안기부였던 자리가 종합예술대학교이고 이 학교 캠퍼스는 우리나라에서 제일 크고 색깔 고운 나무들이 빙 둘러 있는 산이었고, 산 위에서 부터 산 아래 등선을 타고 와 예쁘게 짜여져 있다.

끝에서 둘째딸이 1차 2차 합격, 3차에서 면접관이 발음 떨린다고 불합격(개념) 작은 반성 했으면 한다.(편안한 마음으로 한번쯤 기회를 주었으면(편안한 마음으로 하세요) 라고…

제2부 期旅路

부두

전남 여수시 삼면은 육지고 한 면은 넓은 바다로 지형을 잡고 있다. 바다 기슭에는 수많은 연락선이 물위에 떠 있다. 긴 바다 뚝 앞으로는 넓은 신작로가 있다. 신작로 옆쪽으로 건어물 상가가 즐비하게 있다. 상가안에는 마른멸치, 마른미역 등 그 외 여러 가지 마른 건어물들로 상점 안이 수북히 쌓여 있다. 그리고 많은 상인들도 물건을 사러 오는 사람들이 들끓었다.

상가건물 뒤쪽으로는 시가지가 있고, 시가지 바로 맞닿은 산 삼면을 볼 수 있다. 삼면은 하늘과 맞닿아 있고, 키큰 소나무들이 꽉 차 있었다. 소나무 틈새로 집들이 산 아래까지 중턱 중턱마다 수 없이 지어져 있고, 집들 사이사이로 돌층계가 박혀있다. 돌층계를 밟고 또 밟고 올라가야만 집안으로 들어갈 수 있다. 온 동네를 감싸 주고 바람을 막는 산에서 나는 산 냄새도 좋고 소나무에서 품어 나오는 냄새는 향기롭다.

그리고 바다내음이 나는 평평한 땅은 여수시 교동이다. 교동은 여수시에서도 제일 살기 좋고 넓은 땅이다. 바다내음이 짙게 들어오는 곳에서 백미터 정도 시내 쪽으로 들어오면 바다 향을 맡고 있는 대형 중앙극장이 있다.

이 대형극장은 한국영화만 상영하는 극장이다. 상영시간이 아직도 멀었는데도 표를 끊은 사람들이 즐비하게 극장 안으로 들어 간다. 극장 정문 앞에는 언제나 사람들이 들끓는다. 왜? 돈 많은 사람들이 있기 때문이다. 여수시 살면서 가정에 고기잡는 배 한척만 있으면 그 가정은 부자다. 수많은 고기 잡는 배들이 고기를 잡아 배 안에 그득히 싣고 여수 교동 부둣가에는 입항한하는 배마다 만선이다. 듬뿍 든 고기바구니 수십 바구니를 생선조합(어시장)에 도매로 넘긴다. 넘기도 받는 돈은 가방에 듬뿍 들어 있고 고기잡는 선원들은 일차로 술집에 들어가 색시 끼고 마시는 소비량이 이때 당시 여수 인구 20만, 맥주 소비량이 80%로 광주 인구 40만의 맥주 소비량이 20%인데 여수 술집 포주들은 돈이 신문지로 보인다고 한다.

먼 친척분이 술장사 하면서 맥주 24병 괴짝을 3상자 술상 옆에 놓고 선원과 색시가 먹는 술은 몇병은 마시지만 뚜껑만 따 놓고 상 밑으로 밀어 넣는 술병이 가득하다. 그러니 포주들은 술값 색시값 몽땅 받으니 돈이 신문지로 보인다고 먼 친척분이 들려준 말이다.

이 시기에는 여수시 맥주 소비량이 전국에서 1, 2위를 차지한다고 맥주회사에서 나온 말이다. 이 무렵 여수와서 돈자랑 하지 말라고 소문이 자자했다. 시대를 거슬러 올라가 뜻밖에 6·25 사변이 일어나고 익산시 역전은 하늘에 떠도는 비행기에서 불폭탄을 마구 떨어뜨

렸고, 역전(기광고)에는 불바다로 휩싸였다. 기관고에서 일하다 미처 빠져 나오지 못한 직원들이 수백명 타서 죽는다. 기관고 옆쪽 송학동 동네도 수많은 집들이 불에 타고 있다. 역전 기광고와 송학동 동네는 불이다.

사람이 숨을 쉴수 없도록 매연은 온 하늘을 뒤덮고 소름이 끼치고 무서웠다. 사람들이 집 뒤길로 뛰어간다. 고종하씨 부인 민시아도 은희와 수희를 붙들고 불타고 있는 집에서 안간힘으로 빠져나와 깊은 산속으로 숨었다. 민시아는 남편 고종하씨가 어서 빨리 만났으면 하는 바람이다.

남편은 전기 기술자로 기광고에서 일 하는 직원이다. 기관고가 불바다가 됐으니 용케 살아 있기만을 빌었다. 구사일생으로 살아서 타고 있는 집 주위에 와서 우리를 찾고 있는 것만 같았다. 조바심한 마음으로 은희 수희를 산속에서 엄마 올때까지 기달려 달라고 당부하고 산속을 빠져나와 집 근처를 가 보았다. 아직껏 타고 있는 집은 거의 타서 재가 되어 있고, 연기가 자욱했다.

남편은 보이지 않고 무서움에 몸이 덜덜 떨린다. 자리를 재빨리 피해서 두 딸이 기다리고 있는 산속으로 갔다. 두 딸은 엄마를 보자 훌쩍 훌쩍 운다. 무서웠다고 한다. 민시아는 울면서 떨고 있는 두 딸을 안아주고 안심시켰다.

이 산속에는 우리 말고도 딴 사람들도 숨어서 밤이 되기를 기다린다. 사람들을 공포로 몰아넣는 비행기 소리는 계속 들리고 게다가 총소리까지 들린다. 밤이 되면 이곳을 빠져나가야 한다고 소근 거린다. 아니나 다를까 다시 쳐들어온 인민군들은 사람을 보기만 하면 총을 쏘아 사람들을 죽인다.

공포로 휩싸인 하늘이 점점 어둡고 밤이 온다. 산속에 숨어 있던 사람들은 숨을 죽이며 산속을 빠져나간다. 민시아도 두 딸을 데리고 조심스럽게 산속을 빠져나와 으시시한 동네를 벗어난다. 삼례를 지나서 전주까지 이 밤안에 걸어가야 한다. 전주에서 여수는 먼 거리다. 은희도 수희도 발은 피가 질질 흐르고 두 딸은 거의 죽음 직전이다. 전라남도 여수시에 살고 있는 먼 친척집이 있으므로 우선 친척집을 찾았다. 선창가 옆에서 크게 점포를 하고 있었다.

배에서 필요한 물건을 수북히 쌓아 놓고 팔고 있는 친척집 상가였다. 친척집은 먼 아재였다. 아재는 우리 세 모녀에게 아재가 살고 있는 집으로 다정스럽게 집으로 갔다. 아재 부인은 세 모녀를 보고 깜짝 놀라면서 친절히 더해 주었다. 이후, 아재는 살집도 얻어 주고 돈도 주었다. 이때부터 민시아는 길거리 노점상을 하면서도 생활은 어렵지만 은희와 수희를 학교도 보낸다.

두 딸은 착하고 예쁘게 커서 은희는 여고 3학년이고 수희는 여고 1학년이 되었다. 세월은 강산이 10년이 지났지만 민시아의 남편 고종하씨의 소식은 알길이 없었다. 하루 하루가 쉽게 가고 예나 지금이나 생활은 그리 넉넉하진 않다. 어려운 가정형편이지만 은희와 수희는 구김살 없이 예쁘게 밝아보였다. 동네사람들은 은희를 보고 인사도 잘하고 긴 머리에다 몸은 날씬하고 얼굴도 예쁘다고 말을 한다. 은희는 겨울방학과 여름방학때는 알바를 해서 돈을 저축한다.

현재 고3이면 대입시 준비에도 불구하고 직장을 다닌다. 직장은 바다를 끼고 있는 배 표를 파는 직장이다. 은희의 하루 일과는 오전 9시부터 오후 5시까지만 근무한다. 오늘도 은희는 오후 5시가 되자 배 표를 파는 작은 미닫이 문을 드르륵 닫고 고리를 걸고 문을 잠군다.

이때!
배 표를 파는 작은 미닫이 문을 세차게 두들기는 소리가 났고 배 표를 살수 없느냐고 급히 말을 한다. 이 소리에 은희는 미닫이 문을 다시 열고 "배가 이미 떠났으니 배 표를 팔수 없습니다" 하고 다시 미닫이 문을 닫고 잠근다. 아침 9시에서 오후 5시까지 판매한 그날의 매출을 사무실 책임자인 여 사모님께 인계하고, 출입문을 열고 밖으로 나왔다. 밖에는 조금전 배 표를 급히 물어본 그 남자가 은희를 바라보며 서 있다.

그 남자

한낮의 태양열기도 식고 바다에서 불어오는 바람은 바다향이 섞인 채 시원하다. 은희는 건어물 상가쪽으로 발길을 옮겼다. 상점마다 사람들이 뜸해졌다. 어서 집으로 가야 한다. 뚝을 벗어난 은희는 남산동 동네를 가려면 순천에서 대포 뚝으로 내려오는 물길이 있고 그 물길은 여수 앞바다로 흘러간다.

물길의 양쪽 뚝은 굉장히 길다. 그래서 여수시에서 뚝과 뚝을 건널 수 있도록 튼튼한 나무다리를 만들어 줬다. 뚝만 지나면 곧장 남산동 동네다. 은희가 다리를 반쯤 왔을 때 누가 뒤를 바짝 달라붙는 것 같다. 순간 뒤를 돌아봤다. 흠칫 놀랬다. 부두 사무실 앞에서 본 그 남자다.

은희는 관심 없이 고개를 돌리고 발길을 더욱 재촉하고 다리를 건너서 작은 신작로를 지나서 좁은 골목길로 들어섰다. 좁은 길을 지나서 위로 올라가는 층층대 돌계단이 있다. 돌계단을 밟은 순간 뒤에서 학생은 공부는 안하고 그런데서 표를 파느냐고 한다. 뜬금없는 말에 은희는 대꾸도 안하고 조금 떨린채 돌층계를 재빨리 밟고 올라가 대문을 열고 집안으로 들어간다. 은희를 지켜본 그 남자는 아무 말 없이 되돌아 간다.

한편 은희는 방안에 들어와서야 겁먹은 숨을 몰아쉰다.
"수희야! 왠 이상한 사람이 내 뒤를 따라서 대문도 잠그지 않았으니 네가 나가서 잠궈라."
동생 수희는 마른옷을 정리하면서 "도둑놈!"
은희는 다시 숨을 크게 쉰다.
"우리 집에 금은보화도 없고 언니 꼬여서 팔아먹을지 모르니 조심해."

그 다음날!

가을이 온 날씨는 기분이 맑고 좋다. 은희는 동생 수희한테 표를 파는 직장도 오늘이 마지막날이다고 말하고 집밖으로 나선다. 언니의 뒤를 따라나간 수희는 언니의 뒷모습이 아름다워 보였다. 치렁한 머리가 어깨를 덮고 허리에 붙는다. 가는 허리는 날씬해 보인다. 착한 언니는 여름방학 겨울방학 기간은 집에서 놀지 않고 알바해서 번 돈을 차곡 차곡 저축한다.

이 와중에는 학교도 빠진 일 없이 다녔고, 성적도 우등생이다. 이제 가을이 오고 추운 겨울이 지나면 수능시험이 있고, 수능시험도 얼마 남지 않아 학생들은 공부하기가 바쁘다. 공부 욕심이 많은 언니 은희는 하루도 빠진 일 없이 학교가 끝나면 곧바로 도서실에 간다.

어제로 그만 둔 직장 알바가 끝나고 오늘은 아침밥을 먹고 곧 바로 도서실에 가서 공부하고 밤 늦게 온다. 집에는 없다. 은희언니가 없는 집에서 수희는 집안 여기 저기 청소도 하고 빨래도 하고 집안일을 혼자 하면서도 불편이 없다. 얼굴도 예쁘고 마음도 착하다. 집안일을 마치고 나니 마음이 여유롭다. 학교에서 숙제 내준 그림을 그리려고 밥상을 마루에 펴 놓고 사절지 흰 도화지를 밥상 위에 펴 놓았다. 물감을 짜고 몇 방울 남은 물감을 손으로 쥐여 짰다. 붓으로 짠 물감을 저어봤지만 그림을 그릴 수 있는 색이 나오질 않는다.

집에서 키우는 강아지가 마루 밑에서 나와 대문까지 가서 대문에 대고 짖어댄다. 쉴 사이 없이 짖는다. 수희는 순간 대문을 바라봤다. 분명 대문 밖에 누가 있는 것 같았다. 수희는 물감 붓을 밥상 위에 놓고 급히 일어나 대문쪽으로 나가서 문을 열었다.

순간 웬 남자가 서성거리고 있다. 남자는 손목에 찬 시계를 보면서 수희 앞으로 다가선다. 수희는 남자를 의아하게 지켜본다. 다가선 남자는 말을 건다. 이 집에 살고 있는 학생이 학생의 언니냐고 묻는다. 수희는 우리 언니라고 대답한다. 그럼 집에 있느냐고 묻는다. 언니는 도서실에 가고 집에는 없다고 대답한다. 남자는 수희한테 가볍게 인사를 하고 가버린다.

다음날, 수희는 어제 떨어진 물감을 문방구에서 사서 들고 집 대문 앞까지 왔다. 대문을 열려고 문을 쳐다보니 웬 흰봉투가 꼽혀 있다. 흰봉투를 잡고 곁을 보니 글자가 써 있다. '예쁜학생' 단 네 글자다.

어제 처음 본 그 남자가 언니한테 준 봉투인것 같다.

이날 저녁, 수희는 늦게 온 은희 언니한테 봉투를 주려고 꺼냈다. 의심스러운 봉투를 뜯고 그 안에 들은 흰 종이를 꺼냈다. 흰 종이에는 글자가 보였다.

내용은 자기집은 목포이고, 아버님은 세상을 뜨시고 어머님께서는 혼자 집에 계시고, 친한 친구가 여수시 남산동에서 살고 있으므로 친구 만나려고 여수에 들렸으나 친구는 출장중이라 집에 없어서 목포에 계시는 어머님 집에 가려던 참이었고, 자기는 서울 고려대 행정학과 학생 4학년 재학중이다 라는 내용이다.

"이 사람 언니 만나려고 우리집 대문까지 왔네! 인물도 잘생기고 또 대학생이고, 시간이 없는지 어제 봤을 때 시계를 자주 보더라고 아마도 서울로 곧장 갔을 것 같네…"

수희가 언니한테 빈둥거려도 은희는 시큰둥 말이 없다.
그해 늦은 여름이 가고 가을이 지나 겨울이 온지도 중순이 되었다. 어제 밤 부터 퍼붓는 눈은 아침나절에서야 그친다. 어머니는 길거리에서 노점장사를 하신다. 물건이래야 왕문어발 수르미 쥐포를 노점판대기 위에 놓고 손님이 오면 구워서 주고 돈을 받는 장사를 하시지만 손님이 많이 와서 사가시니 수입이 많다고 말씀하신다.

밤 늦게까지 장사를 하고 집안으로 들어오시면 행여나 눈때문에 넘어지실까 염려되어 마당에 잔뜩 덮어버린 눈을 대비로 쓸어 양 옆으로 올린다. 깨끗한 길이 트였다. 이만하면 밤 늦게 까지 장사를 하시고 집안으로 들어 오시는 어머니를 위해서 또 도서실에서 저물때 까지 공부하다 집안으로 들어오는 언니를 위해서도 마당에 길이 트이니 수희의 마음이 좋았다. 대문을 열고 문밖에도 쓸려고 밖으로 나갔다. 대문 밖에는 뜻밖에 작년 여름 그때 늦은 철에서 본 그 남자가 꽃다발을 든채 저만치 서 있었다. 수희는 당황한 채로 서 있었다. 그 남자는 수희를 반기며 수희 앞으로 다가선다.

그 남자는 은희언니를 찾았지만 이날도 은희언니는 도서실에 가고 집에는 없었다. 그 남자는 조금 실망스런 느낌이 들었다. 그 남자는 오늘도 은희언니를 만나지 못하고 꽃다발을 수희한테 주면서 은희언니한테 전해주길 바라고 작년 그날 그때처럼 바쁜지 시계를 보고 발길을 돌린다. 대문에서 멀어진 그 남자의 뒷모습이 쓸쓸해 보였다.

수희는 받은 꽃다발을 가슴에 안고 있으니 향기로운 냄새가 난다. 안개꽃 속에 묻힌 장미 한 송이가 덜핀 채로 외로워 보였다. 그 남자는 왜 우리 언니를 찾는지 자기의 이력서도 알려주고 또 아리송한 꽃다발도 주고 언니한테 전해주라고 하고 수희는 그 남자가 왜 우리 언니한테 왜 그러는지 조금 알것 같기도 했다.

도서실에서 늦게 온 언니한테 꽃다발을 전해 주었다. 동생 수희한테서 꽃다발을 받아 품에 안은채 은희는 아무 말이 없다. 수희는 조용한 언니한테 놀려대기 시작한다. "이때금 소식이 없던 그 남자가 언니한테 꽃다발도 주고… 언니!"

그 해 한 해가 지나, 청명하고 시원스런 가을이 가고 휘날리는 눈송이가 어느새 마당에 가득 쌓인다.

수희는 쌓인 눈송이를 도화지에 수채화로 그렸으면 생각도 들고 집집마다 살폭 살폭 덮으며 휘날리는 눈이 희고 아름답다. 내 마음도 희고 아름답게 길게 채워 주었으면 하는 욕심도 들고 마당에 쌓여 있는 눈을 밟으니 뽀드득! 뽀드득! 소리가 기분 좋게 들린다. 하지만 마당에 쌓인 눈을 치워야 한다. 밤 늦게 어머니께서 마당에 들어 오실 때 넘어지실 염려가 있어서고 또 언니가 도서실에서 늦게 오니까 둘을 위해서 대비를 들고 마당에 쌓인 눈을 쓸어서 울타리쪽으로 밀어 마당이 깨끗하고 시원해 보였다.

마당을 다 쓸고 난 수희는 대문 밖에도 쓸려고 문을 열고 대문 밖으로 나갔다. 대문 밖에는 뜻밖에 지난 늦은 여름에 봤던 그 남자가 흰 눈을 밟은 채 서 있다. 그 남자는 수희를 반기며 수희 앞으로 다가선다. 일시에 은희언니를 찾는다.

이 날도 은희 언니는 도서실에 가고 집에는 없었다. 집에 없다는 말을 들은 그 남자는 몹시 실망했는지 긴 한숨을 조용히 쉰다. 그리고는 뒤에 숨겼던 꽃다발을 앞으로 빼서 수희한테 주면서 언니에게 전해주기를 말하고 시계를 보고 이내 발길을 옮긴다. 왜 그리 바쁜지 작년 그때 봤을 때도 시계를 자주 봤는데 오늘도 바쁜가보다.

수희 품에 안긴 꽃다발에서 향기가 났다. 안개꽃 속에 묻힌 못다 핀 장미 한송이가 쓸쓸히 떠난 그 남자처럼 쓸쓸해 보였다. 작년 이 맘때도 돌아선 그 남자의 뒷모습은 쓸쓸해 보였는데, 오늘은 더욱 쓸쓸해 보였다. 이날 늦은 밤 수희는 언니한테 두 번째 주는 꽃다발을 언니 품에 안겨 주었다. 언니는 아무 말 없다.

　수희는 "이때금 보이지 않던 그 남자가 언니한테 꽃다발을 두번이나 주고 언니를 많이 생각하나봐! 그런데 언니가 집에 없을때만 오니 이제는 안올것 같은 생각이 들어… 아참! 언니가 이번 수능시험을 서울 고려대학교에 가서 보고 합격하면 그 사람을 만날수 있을런지 - 아니 언니가 1학년이면 그 남자는 4학년 졸업하고 캠퍼스를 떠날거야…"

　은희는 수희의 하는 말에 얼굴색이 시쿵등한 채 여전히 말이 없다. 꽃다발을 품으로 안은채 갑자기 일어나 자기 방으로 들어간다. 이후! 꽃다발을 준 그 남자는 다시는 오지 않았다. 새 봄이 오기 전에 대학시험도 포기하고 방안에만 있으면서 멍청하니 바보 같다. 눈에는 물기가 언제나 들어있고 한없이 창밖을 바라보는 은희언니가 불쌍했다. 수희는 그런 언니를 위로해주고, 긴머리도 곱게 빗질해서 언니가 좋아하는 자주색 끈으로 묶어주고 책상에 어질러진 책들도 책꽂이에 꼽아 놓고 헝크러진 이불도 접어서 장농에 넣고 방안을 개운하게 청소했다.

　불쌍하게 변해버린 언니 때문에 수희도 얼굴이 어두워 보인다. 창

밖에서 들어오는 햇살이 다소 위로가 된다. 언니하고 둘이서 밖으로 나가 산등선을 오르며 크게 소리 질러 답답한 마음을 달래고 싶었다.

작년 어머니 생신때 그날 어머니께서는 장사를 안나가시고 하루를 쉬는 날이었다. 엄마는 해질무렵 동네 아주머니 세 분하고 극장에 가려고 집을 나섰다. 어른들만 가는데 수희도 따라갔다. 이윽고 극장 안에 들어갔다. 극장 안은 사람들이 많고 자리가 없어 윗층으로 올라갔다. 위층에도 사람들이 많아서 겨우 자리를 잡았다. 상영이 시작되었는지 곧바로 불이 꺼지고 극장 안은 어둑했다.

위층 한 복판에서 장치한 영사기에서 강한 불빛이 쏟아져 화면에 닿고 말소리가 들리는 화면에 먼저 서편제란 큰 글자가 나온다. 곧 다음 스크린이 나오고 큰짐 한 사람들이 나온다. 주연도 나오고 조연도 나오고 따라다니는 엑스트라도 나오고 나오는 인물들이 흔들림 없어 보인다.

아직 나이어린 초등학생 수희는 뭐가 뭔지 이해하기 어려웠다. 그러나 눈에 깊숙이 들어오는 장면이 보였다. 아버지가 약을 정성껏 다려서 어여쁜 딸한테 보약이라고 딸 손에 쥐어준다. 약사발을 받아 쥔 딸은 물마시듯 꿀꺽! 마신다. 약을 다 마신 딸은 눈이 떠지질 않자 통곡하면서 슬프게 운다. 아버지 욕심은 딸을 봉사로 만들어야 한이 맺힌 청을 만들 수 있는 욕심을 뒤늦게 후회한다.

영화 서편제 마지막 장면 - 해는 서산으로 넘어가고 세 식구는 서

쪽에 있는 재를 넘어 오면서

　아버지 - 고개를 푹! 숙이고, 후회하는 춤을 추고,

　아들 - 슬픈 북을 치고,

　딸 - 한이 맺힌 청을 부르고 기막힌 카리스마 우리 모두의 눈물이였다.

　이후! 수희가 초등학교 6학년을 졸업하고 다시 여중을 들어가 2학년이고 은희는 여고 3학년생이다. 늦겨울 가면 바로 초봄이 된다. 졸업식이 곧 가까와지고 날씨가 쌀쌀하다. 예쁜 언니가 바보가 되어 하루종일 방안에 앉아서 창문만 멍하니 바라본다.

　대학교 시험을 보려고 도서실에 열심히 다녔건만 도서실도 안가고 외출도 나가질 않는다. 언제나 봐도 은희 언니의 눈에는 눈물이 들어있고 몸도 여의한 채로 밥도 많이 굶는다. 수희는 언니가 불쌍해서 마음이 아프다. 언니랑 함께 산에 가서 공기도 마시고 산내음새 나는 잔디에 앉아 맛있는 김밥도 먹고 크게 노래도 부르고 나무 잎 따서 도로륵 말아서 입에 불면 휘파람 소리도 나고 훅! 훅! 쎄게 불면 북치는 소리도 나고 어느샌가 모여든 나비떼 춤추고 언니는 노래하고 나는 잎파리 북치고 언니 산으로 놀러가자고 해도 은희 언니는 말이 없다. 수희는 빗을 챙겨 언니의 긴머리를 빗질해서 예쁜 리본끈으로 머리를 묶어 주었다.

　수희 - 언니! 산에 가기 싫으면 뻥! 뚤린 들녁에 가서 잠자리떼 빙! 빙! 돌고 메뚜기 때 툭! 툭! 뛰고 곡식 익어가는 소리 듣자고 말해도 아무 말도 없이 멍! 하다.

　언니가 왜? 이렇게 변했는지?

어머니는 밥을 잡수다 말고 수저를 놓고 한숨을 쉰다.
어머니 - 은희야! 단 헌번만이라도 병원에 가자고 달래도 아무런 반응이 없다. 불쌍한 은희언니 어떻게 해야 할지 앞이 캄캄하다. 이 밤이 가면 저 밤이 가고 그러던 어느날 …

은희의 꿈

은희는 오늘도 방 의자에 앉아 슬픔이 가득한 채 멍-하니 창문을 바라본다. 창문 밖에는 어둑한 밤인 것 같다. 은희한테 꽃을 준 그 남자는 소식이 전혀 없다. 은희의 꽃다운 인생을 그 남자가 뺏어간 것인지… 은희는 긴 한숨을 쉰다. 두 눈을 감고 잠이 든다. 잠이 든 고개는 앞으로 숙여진다.

은희의 꿈 - 갑자기 밖이 훤해지고 방문이 스르르 열린다. 동시에 왠 개 한마리가 방안으로 뛰어들어와 은희 품으로 안긴다.

허상 - 은희는 깜짝 놀라고 눈을 번쩍 뜬다. 품에 안긴 개가 예쁘다. 온몸에 붙은 개의 털은 비단처럼 매끄럽고 두 눈이 크고 예뻤다.

개는 작고 귀여웠다. 사랑스러움이 들어 꼬옥 안고 쓰다듬어 주었다. 순간 개가 은희 품에서 빠져 문밖으로 나간다. 은희는 깜짝 놀라면서 눈을 번쩍 떴다. 꿈인것도 같고 생시인 것도 같고 비몽사몽 얼떨떨 했다.

그 예쁜 개가 어디를 갔는지… 호기심한 채로 문밖으로 나가 보았다. 밖은 조용하고 훤해서 사방이 잘 보였다. 은희는 두리번 고개를 돌려 보니 앗! 개가 저만치 앉아서 은희를 뚫어지게 바라본다. 은희는 개가 있는 곳으로 달려 갔다. 손만 내밀면 잡을 수 있다. 개를 잡으려고 손을 내밀자 개가 일어나 뛰어간다. 은희는 놓친 개를 잡으려고 개 뒤를 뛰어간다. 얼마를 뛰었을까… 바다가 보인다. 개가 바다 뚝으로 들어선다. 순간 개가 바다 속으로 뛰어든다.

은희는 몽유병 환자처럼 개가 뛰어든 뚝에서 우뚝 선다. 바다를 의아하게 바라본다. 바닷물이 회오리를 친다. 밀물을 타고 들어와 철썩! 물거품이 인다. 금새 물거품이 잔잔해진 물속에서 개가 떠 있다. 개가 목을 쳐들고 은희를 보고 살려달라고 애원한다. 소스라치게 놀란 은희는 물속에 있는 개를 꺼내려고 바다에 뛰어든다. 은희를 삼킨 바다는 파도만이 철썩! 맴돈다.

파도와 죽음

지금 이 시각 바다에서는 풍덩! 소리가 났는데도 아직도 밤인지라 사람들의 발길이 전혀 없었다. 이윽고, 어둠이 겨우 가시고 새벽이 되었다. 날은 점점 밝아지고 이른 아침에 해양경찰 경비원이 바다에 떠 있는 은희를 구출한다. 허나 이미 숨을 거둔 상태다. 순경들은 재빠른 조회를 했고 서둘러 은희집으로 연락을 한다.

아뿔사! 은희언니가 죽다니! 청천벼락! 같은 죽음에 어머니는 땅에 철썩! 주저앉아 정신을 차리지 못하시고 고개를 저으신다. 이미 혼이 나간채로 강둑에 간 엄마는 은희의 죽음을 보자 그 자리에서 기절하신다. 경찰이 연락한 병원 차가 와서 매트 위에 은희언니를 얹어 차에 싣고 가까스로 정신을 차린 엄마도 수희도 차에 올라탔다. 병원에서는 언니를 부검했고 자살 판정을 했다. 어머니는 은희를 붙들고 통곡하신다.

수희도 언니가 불쌍하고 또 불쌍해서 눈이 퉁퉁 붓도록 울었다. 이제 은희언니는 집에 없다.(하늘나라에 가서 다시는 울지 말고 행복하게 선녀되어서 살았으면 한다.)

이후 은희가 죽은 지 바로 그날 밤 부터 언니가 머리를 풀고 울면서 방안으로 들어오는 꿈 때문에 불쌍한 언니를 위해 어머니는 무당집을 찾아갔다.

춤추는 무당(천도제)

깨끗한 쌀을 밥그릇에 담고 비단옷 한벌을 준비하고 어머니는 무당을 기다렸다. 급히 무당이 집으로 왔다. 무당은 날이 새기 전에 어서 가야 한다고 서둘렀다. 무당과 엄마는 앞서거니 뒤서거니 걸음을 재촉하고 언니가 빠진 강둑에 왔다.

무당은 준비해 온 쌀을 밥그릇에 담아 보자기로 꼭꼭 싸맨다. 그리고 무당이 준비해온 짚으로 싼 허수아비에다 비단옷을 입힌다. 비단옷을 입은 허수아비를 높이 쳐들고 나머지 반대편 손에 든 보자기 쌀 그릇도 하늘 높이 올린다. 양손을 올렸다 내렸다 하면서 뛰기 시작한다. 이제 춤을 추기 시작한다.

무당… 못다 살고 간 아가야! 이 비단옷 입고 하늘나라에 올라가 선녀되어 행복하게 살아라. 아가야 비단옷 입었으면 어서 하늘나라에 올라가 선녀되어 행복하게 살아라. 이 소리를 몇번이고 반복하고 나서 무당은 뛰는 춤을 멈춘다. 그리고 나서 쌀보자기를 펴서 엄마한테 보인다. 밥그릇 쌀 위에 머리카락이 여섯개를 집어보더니 어머니가 사랑하는 딸은 물속에서 나와 하늘나라에 올라가 선녀가 되었으니 이제는 딸 생각은 하지 말고 마음 편하게 살기를 바란다고 딸이 전했으니 안심하고 이 쌀하고 비단옷 입은 허수아비를 불에 태운다. 다 탄 재는 쓸어 모아 어머니한테 주면서 집에 가져가서 쓰레기로 버리라고 당부한다.

　무당과 갈림길에서 헤어지고 엄마와 수희는 한참 말이 없었다. 아직도 덜깬 새벽길을 걷는 엄마한테 수희는 말을 걸었다.
　엄마! 은희언니가 진정 하늘나라에 올라가 선녀님 되어 행복하게 있는 느낌이 든다고 수희는 말을 하였다. 엄마는 아무 말도 없이 수희를 바라보는 눈길이 엄마도 꼭 그렇게 되길 바라시는 것 같은 그런 모습이었다.

　이후, 은희언니한테 장미 한송이 꽃을 전해준 그 남자의 소식을 전해준 분이 있었다. 이분은 여수시 교동에서 고물상을 하시는 분이셨다. 어디서 어떻게 들었는지 수희네 집에 일부러 찾아왔다고 하고는 말을 하기 시작하였다. 우리 조카님은 아직껏 행방을 알길이 없어 조카님의 어머님은 소식 없는 아들 때문에 병이 들어 자리에 누워 생활하시다 끝내 아들을 못본채 하늘나라에 가셨다고 말을 한다. 나는 조카님 외숙모인데 혹시 그 조카 이름은 이현기고 혹시 조카님을 아느냐고 물었다. 수희는 엄마도 집에 없었고 나 혼자서 이런 뜬금 없는 말에 당황했다. 숙모님은 계속 말을 이어간다. 조카님 집은 목포이고 서울에서 대학교를 다녔고 그리고 제일 큰형님은 여수시 객사 옆 진난관 옆에 사시면서 한일은행 은행장님이었고 동생 현기를 찾으려고 신문도 내고 손수 전국을 찾아 헤맸으나 지금껏 찾지 못했다고 말을 하였다.

수희… 왜 저희집에 오셔서 그런 말씀을 하시냐고 물었다.

숙모님… 형님이 동생을 마지막으로 우리집에서(숙모님 집에서) 만나던 날 밤에 조카 현기가 남산동에 올 일이 있어서 그 곧 남산동 어느 집에 아주 예쁜학생이 아가씨(수희) 집에 살고 있다고 말하고 만나보고 싶어서 그 집을 찾았으나 학생은 없고 시간이 없어 서울 올라간다고 말한 기억이 나서 오늘 찾아왔다고 숙모님은 말을 끝낸다.

수희는 짐작이 갔다. 언니한테 꽃다발을 준 그 남자인 것을 바로 알수 있었다.

수희… 제가 우리집 문 앞에서 두 번 본 후론 다시는 우리집에 오지 않았습니다.

외숙모님… (긴 한숨을 쉰다. 우리 조카가 서울에 있을 때에도 다른 대학생들은 데모에 열을 올리고 반에서 몇명 빠진 학생들은 왕따를 당하고, 왕따를 모면하려고 데모에 빠진 학생들조차도 휩쓸려 데모는 걷잡을수 없이 확산되었는데, 조용히 공부만 하고 있는 익산 원광대학교에서 서울의 데모 학생들이 썩은 고구마 20푸대를 보냈다. 썩은 고구마 푸대를 받은 원대생들도 이때부터 데모를 하기 시작했다. 화약냄새는 익산시를 날마다 휩쓸었고 그칠줄 모르는 데모는 엄청 크게 불어났다. 이때가 유신시대였으니 학생들은 많이 다치기도 했다.

외숙모님은 행여나 수희집에서 조카의 소식을 들을 수 있을까 하는 조바심은 물거품이 되었다. 대문 밖 돌 위에 앉았다. 비가 올런지 구름이 시컴해 보였다. 불쌍하게 죽은 은희언니가 몹시 보고 싶어서 눈물이 난다.

　우리 언니도 나무꾼과 선녀님처럼 하늘나라에서 꽃을 준 그 남자를 만나서 행복하기를…

　오랜 옛날에 가난한 나무꾼 총각이 한 마을에 살았습니다. 마음은 착했지만 쌀도 없고 돈도 없으니 배가 항상 고팠습니다. 생간 현대 산에 가서 나무를 해다 마을 한집에 주면 밥을 얻어먹을 수 있겠다 싶어 낫을 들고 바작이 지게를 지고 산으로 가서 마른나무를 낫으로 치고 풀을 베어서 모아 바작이에 얹어 올려 지고 마을로 내려왔습니다.

　어느 한 집에 나무를 주었습니다. 나무를 받은 집에서는 밥을 수북히 담고 반찬도 상에 놓아 나무꾼 총각한테 주었습니다. 나무꾼 총각은 밥을 먹으니 배도 부르고 기분이 좋았습니다. 이때부터 매일 산으로 가서 나무를 해서 집집마다 주고 밥을 얻어 먹었습니다.

　어느날 총각 집 대문에… 울타리(키큰 억새풀로 엮어서 만든 대문)에 낯선 스님이 선채로 목탁을 두들겼습니다. 나무꾼 총각은 시주할 쌀이 없으니 부엌으로 들어가 깨끗한 사발에 물을 담아 들고 스님 옆으로 갔습니다. 나무꾼은 고개를 숙인채 물사발을 두 손으로 공손히 내밀며 "저희 집은 물 밖에 없습니다."

　물 한 그릇을 받아든 스님은 물을 벌컥! 벌컥! 맛있게 마시고 나서 이렇게 말하였습니다. (금연) 올해 돌아오는 칠월칠일(칠석날) 선녀들이 하늘에서 내려와 연꽃 호수에서 목욕을 하고 있을때 선녀가 벗어놓은 날개옷 한벌을 선녀 몰래 가져가 숨기고 아이 세명 낳은 후에야 숨긴 날개옷을 주라고 당부하고는 커보이는 삿갓을 고쳐쓰고 발길을 돌려 걸음을 재촉한다.

나무꾼 총각은 이때쯤 들은 말이 진실인 것 같았다. 내가 살고 있는 동네에서 좀 멀리 가면 높은 산밑에 연꽃 호수가 있다. 이날부터 나무꾼 총각은 칠월칠석날을 그리웁게 기다렸습니다. 이른아침에 일어나 연꽃호수가로 달려갑니다. 예쁘게 핀 연꽃에 절도 하고 호수물에 목욕도 하고 무릎 꿇고 빌기도 합니다.

드디어 칠월칠석날이 돌아왔습니다. 이 날은 새벽부터 일어나 연꽃호수가에 가 숨어서 지켜보았습니다. 두 눈을 크게 뜨고 하늘도 보고 연꽃호수가도 보고 했으나 선녀님은 하늘에서 내려오는 모습이 없습니다.

시간은 흐르고 해가 머리 위로 다가왔는데도 선녀님은 보이질 않습니다. 나무꾼 총각은 연꽃호수가에 대고 꾸벅! 꾸벅! 절을 합니다. 고개를 들고 호수가를 보았습니다. 깜짝 놀란 일들이 벌어졌습니다. 두 눈을 의심한 채로 놀라고 말았습니다. 여러명의 선녀님들이 몽땅 벗은 채로 목욕을 합니다.

벗어놓은 날개옷들이 눈이 부시게 예뻤습니다. 나무꾼 총각은 살금 살금 걸어가 선녀님 옷 한벌을 슬그머니 집어서 가슴에 품고 가만 가만 몰래 빠져 나와 집으로 왔습니다. 훔쳐온 옷이 화려하고 예쁘고 향기도 났습니다. 나무꾼 총각은 스님의 말씀대로 선녀님 옷을 항아리 속에 담아 뚜껑을 덮고 헛간에 들고 가서 쌓아둔 나무를 밀어내고 삽으로 땅을 파 독을 묻은 다음 흙을 덮고 땔나무를 덮었습니다.

선녀님 옷을 감쪽같이 숨겨 놓고 호수가에 불이 나게 뛰어 갔습니다. 옷을 몽땅 벗은 선녀님 한 분이 슬프게 울고 있었습니다. 나무꾼 총각은 선녀님 곁으로 다가갔습니다. 사방은 어둑 어둑하고 곧 밤이 됩니다. 나무꾼 총각은 입고 있는 저고리를 벗어 선녀님에게 입혀줍니다. 선녀님은 많이 놀래면서도 안심이 되었는지 울음을 그쳤습니다. 나무꾼 총각은 등을 구부리고 선녀님 앞에 댔습니다. 선녀님은 나무꾼 총각의 등에 업혔습니다.

선녀님을 업은 나무꾼 총각은 좋아서 입이 벌어지고 발길을 옮길 때마다 신이 납니다. 집에 온 나무꾼 총각과 선녀님은 곧바로 결혼식을 올립니다. 상에는 물그릇 뿐입니다. 한번씩 맞절을 하고 물 한모금씩 먹여주면 끝나는데 나무꾼 총각은 선녀님한테 계속 절을 합니다. 때는 밤이라 방문 밖으로 절하는 그림자가 보입니다. 때마침 동네사람 세 분이 그림자가 비춰진 집앞을 지나가다 이상히 여겨 다가가서 문틈으로 방안을 보았습니다. 참으로 신기한 일에 놀래지 않을 수 없습니다.

참으로 예쁜 색시를 세워 놓고 나무꾼 총각이 색시한테 절을 합니다. 놀랜 이들은 문을 열고 방안을 확실히 보았습니다.

다음날 이 소식을 들은 동네사람들은 쌀을 자루에 든 사람, 닭을 두 마리 든 사람, 비단옷을 든 사람, 장구를 맨 사람들 떼를 지어 나무꾼 총각집 마당에 모여들었습니다.

곧 잔치가 벌어지고 결혼식을 합니다. 한가득히 담은 쌀, 발이 묶인 닭 2마리, 촛불 술잔이 2개, 비단실 다양하게 차려진 상을 가운데 놓고 나무꾼 총각하고 천사님 둘이서 결혼식을 합니다. 선녀님이 하도 예뻐서 모여든 사람들은 환호성을 칩니다. 결혼식은 끝났는데도 모여든 사람들은 북을 치고 춤도 추고 노래도 부르고 웃어가면서 마당이 시끌벅적 합니다.

거제도 건강순리원 옥미조 원장님은 몸이 병들어 병원에서도 가망이 없는 분들을 마지막으로 희망을 바라보고 거제도 건강순리원을 찾아옵니다. 순리원 원장님은 치료비도 받지 않고 치료를 해주십니다. 원장님 말씀은 콩알 한 알이라도 쪼개서 여럿이 나누어 먹는 법부터 교훈을 내리십니다.

공기가 맑아서 숨쉬기도 편합니다. 돈이 없어도 원장님께서 시키는대로 하면 병이 나아서 집으로 갑니다. 착하게 고운 마음으로 남을 돕고 살다보면 복을 주신다고 합니다. 때로는 기적도 받을 수 있다고 말씀하십니다. 앞서 나무꾼 총각도 착하게 살아서 기적을 받았다고 생각이 듭니다.

이후, 나무꾼은 산에 가서 나무를 해서 시장에 팔았습니다. 돈이 생기지요. 동네 사람들은 나무꾼을 데려다가 농사일도 시키고 노임도 주지요. 나무꾼 집은 형편이 차츰 좋아지고 게다가 예쁜선녀님은 자식을 두명이나 낳았지요. 아직은 어린자식들이 앵두같이 예쁘지요.

이러던 어느날, 한없이 예쁜 선녀님이 눈물을 흘립니다. 선녀님은 말을 합니다. 그 예쁜 날개옷을 한번만이라도 입었으면 하고 슬프게 웁니다. 이를 지켜본 나무꾼은 가슴이 아프지요. 단 한번만 입었으면 하는 안타까운 마음에 나무꾼은 그만 선녀님 날개옷을 내어주었습니다. 선녀님은 날개옷을 본 순간 입었습니다. 양팔을 벌리고 두 어린 자식을 안았습니다. 참으로 화려합니다. 날개가 갑자기 펴집니다. 순간 하늘 위로 오릅니다.

　나무꾼은 넋을 잃고 바라봅니다. 날개옷은 멀리 멀리 사라집니다. 나무꾼은 땅을 치며 통곡합니다. 스님이 아이 세 명 낳을때 옷을 주라고 신신당부하였는데 때늦은 후회를 합니다. 갑자기 날이 어두워집니다. 비가 나무꾼의 마음처럼 슬프게 몰아칩니다.

　이때부터 나무꾼은 새벽에 일찍 일어나 부엌 부뚜막 위에 방금 샘에서 길어온 물 한그릇을 떠놓고 빕니다. 한번만이라도 선녀님 하고 두 자식을 보게 해 주라고 하소연 합니다. 그리고는 연꽃 호수로 가서 또 소원성취 하기를 빕니다.

　부뚜막 물은 아주 옛날 부터 집집마다 어머님들이 새벽 일찍 일어나 샘에서 물을 길어다 물 한그릇 떠서 부뚜막 위에 놓고 자식들 아무 탈 없이 잘되기를 매일 매일 빌었습니다. 나무꾼도 하루도 빠지지 않고 부뚜막 물에다 소원을 빌고 또 연꽃 호수에 가서 소원성취 해주시라고 빌었지요.

　어언 날이 가고 달이 지나서 마침내 칠월 칠석날이 바로 오늘입니다. 칠월 칠석날 예쁜 선녀님을 만났으니 오늘도 선녀님 만나게 해주세요. 무릎을 꿇고 엎드려 빕니다. 꼭두새벽부터 정오까지는 시간이 깁니다. 나무꾼은 지쳐서 엎드린 채 소원을 빕니다. 그런데 나무꾼 머리 앞으로 신기한 일이 생겼습니다. 나무꾼은 흠짓! 하고 눈을 뜨고 고개를 들었습니다. 긴 사다리가 나무꾼 앞에서 하늘 위로 뻗어 있습니다. 신기한 일입니다. 나무꾼은 신기한 사다리를 만져도 보고 흔들어도 봤습니다. 흔들리지 않습니다. 사다리를 잡고 일어나서 사다리 위에 올라섰습니다. 웬걸! 사다리가 올라갑니다. 하늘로 가고 있습니다.

이날 몇달 전에 올라간 선녀님은 아버지 앞에 꿇어 엎드린 채 울면서 말합니다.

선녀님- 아버지 제 소원입니다. 착한 나무꾼을 만나게 해 달라고 부탁합니다. 아버지는 딸의 소원을 들어줍니다. 곧 사다리를 준비해서 지상으로 내려 보냈습니다. 그 사다리를 타고 나무꾼은 하늘 위로 올라갔습니다. 새하얀 구름 위에 나무꾼을 올려 놓고 사다리는 없어졌습니다. 나무꾼은 어리벙벙한 채 구름 위에 서 있습니다. 사다리가 없으니 지상으로 갈수 없습니다. 사라져버린 사다리쪽을 바라보는데 갑자기 주위가 황홀한 빛으로 둘러 싸이고 빛속에서 선녀님이 나타났습니다.

나무꾼은 깜짝 놀라면서 예쁜 선녀님을 바라봅니다. 분명 보고 싶었던 선녀님입니다. 둘이는 얼싸안고 눈물을 펑펑 흘립니다. 흘린 눈물은 비가 되어 지상으로 떨어집니다.

이날이 바로 칠월칠석날입니다.

선녀님의 아버지는 하늘나라에 임금이었고, 나무꾼은 하늘나라에 살면서 임금님께서 견우라고 이름을 지어주었습니다. 선녀님의 이름은 직녀입니다. 견우와 직녀가 만난 날을 꼭 기념식을 하는 것 같습니다. 매년마다 칠월칠석날에는 맑았던 하늘이 갑자기 어둡고 하늘에서 비가 10분에서 15분 사이에 물줄기가 펑펑 솟아집니다. 우리 모두 체험합니다.

앞서 은희의 죽음이 안타깝습니다. 꽃망울이 피지도 못하고 죽었으니 언니는 하늘나라에 올라가 선녀님이 되고 꽃을 준 그 남자도 아직껏 소식이 없으니 죽어 하늘나라에 올라가 (나무꾼과 선녀님)처럼 은희언니와 그 남자도 만났으면 하는 바람이다.

나무꾼과 선녀님도 만났으니…

내가 아주 어려서 외할아버지께서 들려준 이야기입니다.

다시 은희언니가 하늘나라에서 선녀님이 되어 행복하게 살고 있으라고 (천도재)도 올리고 했으니 다소 안심은 했어도 엄마는 눈에 눈물이 글썽하신다.

엄마는 노점상 위에 쥐포도 놓고 왕문어발도 놓고 옥수수도 솥에 쪄 팔면서 돈을 버신다. 저녁 늦게 집에 오셔도 은희언니 때문에 많이 우신다.

   ○ 형제가 죽으면 하늘에 별이 안보이고
   ○ 부모님이 돌아가시면 누울자리가 보이고
   ○ 남편이 죽으면 자식들하고 살욕심이 생기고

ㅇ 자식이 죽으면 가슴에 묻고

  빈말은 아니다. 어머니는 은희언니가 대문을 열고 집안으로 들어오는 환상이 자꾸 보인다고 말하면서 이사를 서두르셨다.

이사

어머님 말씀대로 넓고 푸른 바다 위에 갈매기 울고 떠나는 뱃고동 소리 들리는 여수 항구를 떠나면서도 엄마는 가슴속에 묻힌 언니를 못잊는지 여수 앞바다에 나가 바다를 물끄러미 바라보면서 눈물을 흘리신다.

이제는 여수 항구를 떠나 전북 익산시로 이사를 했다. 익산도 살기 좋고 교통 도시였다. 기차가 서울 출발 천안 구대전(현 서대전)을 와서 익산에서 열차는 떠난다. 광주 목포 여수를 곧장 갈수 있고 특히 광주행 기차를 타고 보면 제일 먼저 쫙 펴진 들판이 보인다. 이 들판은 김제 호남평야이고 만경강물을 받아 농사지은 쌀은 호남에서 손꼽은 쌀이다. 이 쌀로 밥을 지으면 기름기도 나고 밥도 맛있고 꿀맛 같다. 게다가 집에 차가 있으면 우리나라에서 전군도로는 하나 뿐인 익산 군산 생선 도매시장 선착지를 쉽게 갈 수 있다.

그러나 달리기만 한 전군도로는 자주 접촉사고가 심해서 기차를 타고 가면 마음도 든든하고 기분도 좋다. 익산역에서 군산으로 가는 기차를 타면 4km쯤 해서 차가 쉰다. 차가 쉬는 곳은 오산역이다. 꽤 많은 보따리 장사를 하는 할매들이 기다렸다가 보따리를 이고 차례로 열차를 탄다. 할매들이 다 타고 나면 맨 나중에 할배가 자그만한 보따리를 들고 탄다.

이윽고 기차는 달리고 열차 안에서는 아주 재미있게 떠들고 웃고 하는 풍경이 벌어진다. 벙거지 모자를 쓴 할배가 춤을 추기 시작하면서 춤과 함께 노래를 부른다. 비틀 비틀 술을 드셨는지 비틀거리는 모습에 할매들은 박수를 친다.

어느 할매는 벙거지 모자를 쓴 할배의 노래에 맞춰 따라 부른다. 박수소리는 점점 커지고 할매들의 박수는 열을 올린다. 웃음 박수 노래 합창된 소리에 열차 안은 시끌벅적하다. 이 소란을 우두커니 지켜본 차장님도 크게 웃는다. 열차는 오산역을 지났으니 임피역이 보인다. 손님 20명쯤 태운 열차는 떠난다. 임피역을 거쳐 지경이 나온다. 이제 대하 군산은 종착역이다.

열차는 임피를 지나 대하역이 보인데도 벙거지 모자를 쓴 할배는 논가 허수아비 춤을 춘다. 새떼들이 곡식을 뜯어 먹으려 하늘에서 아래로 내려오면 할배는 양팔을 들고 워이~ 워이~ 새들을 쫓아 보내는 춤은 말할 것 없이 웃음바가지다. 한참 웃고 난 보따리 장사 할매들이 일어서서 큰 보따리를 서로 서로 들어 머리에 얹어준다. 이윽고 열차는 쉬고 군산역이다.

맨 나중에까지 보따리를 들어 할매들 머리에 얹어준 할배는 이번에도 제일 나중에 내린다. 열차를 탄 할배님이나 할매님은 한 동네 오산에서 살고 있으므로 서로 친하게 지내고 있다. 보따리를 이고 열차에서 내린 할매들은 역 대합실을 지나 역전 광장 앞으로 가서 제각기 보따리를 펼쳐 농사 지은 채소를 가지런히 놓고 손님을 기다린다.

할배도 작게 싸온 푸성가리를 도매로 넘겨준다. 할배는 받아든 돈에 술값이 생긴 것인지 빙그레 웃는다. 할배는 역에서 조금 먼 무료 급식소로 발길을 옮긴다. 급식소 앞까지 온 할배는 즉 늘어선 사람들 맨 뒤에 서서 따라 들어가 점심식사를 하고 다시 군산역 광장 앞으로 나가 서로 자주 보는 친구들하고 인사도 하고 자리에 앉아 좌담도 하고 막걸리 한 병 사 친구들 옆에 와서 조금씩이라도 모인 친구들 대접도 하고 이야기도 하고 쉰다.

저녁때 막차가 한대 뿐인 기차를 타고 오산역 동네 집으로 온다. 나이를 70이 넘으신데도 부지런히 채소를 손수 가꾸어 군산역 앞으로 가서 그날 그날 팔고 막걸리값 만드시니 자식보고 술값 주라고 한 적이 없으시니 대단하시지요. 할배는 직접 채소를 가꾸어 동네 밭이 없는 집에 채소를 갔다 주니 오산 동네 사람들은 마음씨 좋은 할배님이다고 칭찬을 한다.

할배는 자식이 하나인데 그 한명 뿐인 자식이 아버지한테는 효자였고 또 며느리도 시아버님을 잘 섬기니 집안은 항상 화평한 가정이다. 하나 뿐인 아들은 아버지가 술을 좋아 하시니 밥 드실 때마다 반주로 잡수시라고 막걸리 병을 미리 챙겨 놓으니 효자입니다.

술을 좋아하시는 분들은 돈도 좋고 옷도 좋으나 제일 먼저가 술 한

잔이다고 술을 좋아하시는 날들이 말하고 있다. 착한 며느리는 나이 드신 시아버님께 언제나 따스한 밥을 정성껏 해서 올리니 며느리 또한 효녀였다. 집안이 편하니 가화만사가 편하다. 맘 좋으신 할배의 풍자극은 군산도 익산도 소문이 자자했다.

이후, 세월은 바람처럼 가버리고 어느날 부터 익산에서 군산가는 완행열차는 없어졌다. 새마을호나 KTX는 그저 달리기만하는 열차다. 하기야 목적지를 쉽게 오고 가고 해야만 국가도 발전되고 경제도 살아나서 부자가 된다.(물자를 빨리 실어내야만 하니)

할배와 할매의 웃음도 끼 많은 할배의 허세비 춤도 이제는 볼수 없었다. 완행열차가 없어졌으니 군산 해변가 생선 도매시장에 가려면 집에서 택시를 타고 익산시 평화동 터미널까지 가서 하차하고 터미널에서 버스타고 대하로 가서 하차하고 군산역까지 가서 하차하고 또 버스나 택시를 타고 생선 도매시장을 다녔다. 왕복 여덟 번을 타고 차비를 계산해도 익산시장에서 생선 산 물건 값이 군산시장에서 사는것 보다 더 싸다. 여수 선창가 생선시장 보다는 군산 생선시장이 물건이 작게 나오지만 이 생선도 저 생선도 먹을 수 있으니 익산도 살기 좋은 고장이다.

이후, 할배의 소식을 전해 들었다. 할배는 어느날 저녁밥 잘 잡수시고 두어 시간 있다가 자리에 눕자마자 아들 며느리 보는 앞에서 돌아가셨다고 그 할배님은 죽을 복을 타셨다고 오산면에서 익산시 중앙시장으로 채소 팔러 온 할머니가 벙거지 모자 쓴 할아버지께서 세상을 떠나셨다고 들은 말이다. 할아버지는 낙천적으로 사셨으니 죽음도 낙천적이십니다.

오복: ㅇ부모님복 ㅇ남편복 ㅇ자식복 ㅇ돈복 ㅇ죽을복 ㅇ치아복

늙으면 우리 모두 낙천적으로 사시기를 빕니다. 그 옛날로 거슬러 올라가 이리역에서 군산 가는 완행열차를 타면 오산역 다음 임피역이 나온다.

임피역전에서 조금 들어가 보면 임피 동네가 나온다. 임피 동네를 거의 차지한 쟁명서란 큰 부자가 살고 있다. 쟁명서는 넓은 대지 위에 곡식을 쌓아놓는 창고 방앗간 사무실 또 집이 오십채가 넘게 지어져 있고 사무를 보는 서기, 종, 머슴 합해서 오십명이 된다. 오십 채가 넘는 집 제일 안쪽에 차지한 쟁명서 그의 부인이 있고 그 안채 여러채는 일꾼들 집이다.

쟁명서 부인이 아기를 낳으면 즉시 유모를 들인다. 특히 유모의 조건은 현재 유모의 아기가 있는 사람을 데려다 잘 먹이고 아기 젖을 주게 한다. 아기가 자라서 젖을 뗄 때는 유모한테 논 한섬을 준다. 아이를 낳을 때 마다 유모를 정해서 유모가 잘 먹어서 뚱뚱하든 말든 자기 아기만 기름진 젖을 먹이도록 한다. 쟁명서 아기들은 건강하고 살도 찌고 튼튼하다. 이때 당시 임피 동네에 살고 있는 사람들은 가난해서 밥도 제대로 못 먹는 형편이다.

가난한 사람들은 보릿고개가 너무 힘들다. 쟁명서 집에 가서 서기한테 껍보리 한가마 선자내다 보릿고개를 넘기고 그 가을에 쌀 한가

마를 갚아야 한다. 껍보리쌀 한가마 쟁명서 집 방앗간에서 찧어서 나온 양은 형편없이 적다. 네 말도 채 못나온데서 방아삯으로 네 되를 주고 나면 마음이 아프다. 배고픈 시절에 찧는 품삯은 꼭꼭 받으니 한심스럽다.

 불쌍한 사람들은 사는 것은 나중이고 먹는 것이 첫째니 억울해도 할수 없다. 만약에 가을에 농사가 재난이 오면 선자낸 쌀을 갚을 수 없을때는 이자쌀이 심하게 붙는다. 다음에는 선자도 주지 않는 고약한 심보다. 없는 사람들은 죄를 받을거라고 소근거린다. 없고 가난해서 배고프고 불쌍한 사람들을 울리니 하늘에서 쟁명서 집에 벌을 내린다.

 어느 날, 갑자기 쟁명서 부인이 죽었다. 멀쩡하던 쟁명서 부인이 죽었으니 집안 식구들 자식들은 울음바다입니다. 드디어 발인 시간이 되기전 부터 모여든 사형고 말탄 사람들이 마당에 모여 들기 시작한다. 이윽고 발인이 시작된다. 꽃상여는 뜨고 상여꾼들은 뒤에 늘어 선다. 말탄 사형고들도 상여 뒤를 줄지어 선다. 동네 사람들도 양 옆으로 늘어 선다. 상여만 소리꾼이 방울을 울리며 슬픈 소리로 하고 간다. 구경꾼들도 오도 가도 못하고 자리에 선 채이고 말탄 사형고들은 그대로 말타고 서있다. 장지에서 집까지 말탄 사형고가 밀려서 그래도 선 채다. 장지에서 집마당 까지 그대로 오도 가도 못하고 줄지어 말 타고 선채다. 쟁명서는 인맥이 굉장하다.

 이후 어느날밤!
 쟁명서 집에 큰 불이 났다. 오십채가 넘는 집은 불타고 있어도 불은 끌수 없었다. 지금처럼 물폭탄을 퍼붓는 비행기도 없고, 소방차도 없으니 집도 식구들도 모두 타 재만 남았다.

　이래서 사람들은 삼대 부자 없고, 삼대 거지 없다고 한다. 사람들은 쟁명서 부인은 하늘나라의 딸이라고 했다. 쟁명서 부인이 죽고 나서 얼마 안돼서 원인모를 불이 나서 식구들 집 재산 모두 송두리째 타고 재만 남았습니다. 쟁명서는 큰 부자인데도 헐벗고 굶주림에 시달리는 보릿고개 때 선자 주고 이자를 몇 곱으로 받았으니 몇 곱의 선자 때문에 일순간에 망했습니다.

　이후 역사는 흘러가고 한참 거슬러 올라가 지금은 이천곱 이십년이니까 칠십년 전으로 갑니다.

　육이오 전쟁이 일어나기 전입니다.

　은희와 수희가 아주 어려서 살던 집은 이리시 송학동에서 아빠 엄마 은희 수희 네 식구가 굉장히 큰 집에서 화목하게 생활하고 동네 사람들한테서도 칭찬 받았다고 합니다. 집 뒤쪽 뜰이 백평 옆쪽 과일 나무들이 서 있는 땅이 이백평 앞 마당 이백평 앞마당 밭 사백평 집 건물이 사십평 대지가 큰 건물입니다.

　이 집 뒤에는 딸기밭이고, 옆쪽은 사과나무 배나무 무화가나무들이 있어서 과일 수확이 대단합니다. 화장실은 집하고 오십미터 떨어져 있고 화장실 가는 양 옆으로 화초밭이 있고 집 가장자리 울타리는 장미가 넝쿨져 있었습니다. 장미는 꽃은 예쁜데 하도 예뻐서 만지면 가시가 박힙니다. 아버지가 낫으로 깎아 모아 불을 태웁니다. 그 이듬해는 넝쿨이 더 웅성합니다.

이 외에도 화려하고 예쁜 나무가 화초밭에 가득했다. 거짓말 같지만 사실이다. 그러니까 은희 아빠의 아빠, 은희의 친할아버지는 땅도 많고 산도 많고 하신 분이 은희, 수희아빠가 할아버지한테는 외동아들이라고 하셨으니 집을 물려받은 셈이다. 친할아버지께서는 외동아들 여섯살 되던 해 돌아가시고 친할머니께서는 은희, 수희도 태어나기 전 외동아들 겨우 장가가던 해 돌아가셨다고 들었다.

　집을 물려받은 아빠는 은희, 수희 두 딸을 낳고 살면서 전기를 고치는 기술자이셨다. 은희아빠는 마당에서 채소 밭으로 조금 들어가 큰 전기를 달수 있는 전봇대를 세우고 전등을 달았다. 전등 위에 덮개를 씌워 비가 와도 비를 맞지 않는 전등알은 밝게 온 마당에 비추고 바람이 불어도 흔들리지 않는다.
　은희아빠는 익산 기광고에서 직원으로 일하고 있었다. 동네사람들은 저녁밥을 먹고 은희네 집으로 모여들고 헛간 창고에서 수북히 쌓인 멍석을 안아다 길쭉한 마당에 요 안쪽은 처자들, 요쪽은 머이마들, 이곳은 할멈들 그리고 노인 할아버지⋯ 언제나 그랬듯 제일 먼저 온 사람이 멍석을 펴 놓는다.
　제일 먼저 은희네집 마당에 오시는 분은 긴 담뱃대를 갖고 오시는 할아버지 아니면 할머님들이시다. 할머님들 손에는 막걸리 1병 꼭 저녁이면 돌아가면서 술을 사오시는지 아침이면 막걸리병이 세게 네 개 나온다고 은희엄마는 웃으시면서 말씀하신다.
　봄 여름 가을 세철에 동네사람들은 비오는 날만 빼놓고 모여드는 곳은 은희네 집 큰 마당이다. 마음이 들뜬 가이네들도 마당으로 모여들고 장난끼 심한 머슴아들도 모이고 전등불빛 아래 마당에는 이때

부터 각종 풍차극이 벌어진다. 할아버지 할머니들은 주거니 받거니 막걸리를 드시면서 좌담하시는 분 긴 담배대를 입에 물고 흰 연기를 품고 또 죽 빨아서 들이키고 다시 내품고 봉추담배를 비벼넣은 담배 꼭지에 까맞도록 피신다.

아까워서 나머지 한입이라도 더 피우실 욕심이다.

가이네들은 이야기 꽃을 피우기 시작한다. 야 --- 속닥 속닥 아마도 머슴아들 흉을 보는지 재밌게 이야기 하고 까르륵 까르륵 웃는다. 한참을 웃고 난 가이네들은 우리 내일 이른 저녁 해 먹고 극장구경 가기로 약속한다.

한편 머슴아들은 가이네들 말소리에 귀기울인다.(작전 시작이다) 모여앉아 머리를 맞대고 수근수근 하고는 깟! 까! 웃는다. 가이네들 놀려 줄 속셈인지 재미있게 보인다. 마당에 앉은 사람들은 이약꽃에 저쪽도 이쪽도 재미가 솟는다.

내일 저녁 한판 벌어지는 도깨비불에 신나게 웃고 난 머이마들이 또 시작이다. 부엌으로 들어가 작은 소쿠리 바구니를 들고 집 뒤뜰로 간다. 한명이 아니고 세명이 가고 네명은 앉아 있다. 조금 후에 작은 소쿠리에 딸기를 그득 따서 담아 마당에 온다.

맨 먼저 할아버지 조금 덜어주고 그 다음 할머니들 조금 덜어주고 가이네들 옆에 앉아서 딸기 바구니를 놓고는 같이 먹기를 머슴아들도 한데 모인다. 할아버지 할머니 덜어주고 난 딸기는 조금 뿐이다. 이손 저손 딸긴지 손인지 재빨리 딸기는 없어지고 오직 한 개 뿐이다. 우리 가위바위보 진 사람이 먹기다. 지금 막 지켜 든 손 이 와중에 재빨리 딸기 집어먹는다. 와르륵 한꺼번에 웃는다.

가이네들은 내일 이른 저녁 해먹고 극장 가기로 약속하고 손을 흔들면서 헤어진다. 재잘거리던 가이네들이 없어지자 할아버지도 할머니들도 일어서서 내일 밤의 만남을 약속하고 제각기 집으로 간다. 은희아빠가 큰 양철집으로 간다. 은희아빠가 큰 양철 도라무깡(크고 둥그런 깡통) 중간을 자르고 깡통을 덮는 뚜껑도 만든 도라무깡통에다 보릿대 불 쏘시게에 불을 붙이고 그 불씨 위에다 맷저(나락껍데기)를 듬북 부어 놓으면 모락 모락 연기만 나고 세시간 넘게 모기를 쫓아버린다.

재가 다 타면 밤하늘에 별들은 졸고 있다. 사람을 좋아하는 모기떼들은 다 타버린 재 위에 한 마리 두 마리 모여 든다. 개구쟁이 머이마들이 언제나 책임지고 샘에 가서 두레박으로 물을 떠서 재위에 물을 뿌리고 뚜껑을 덮고 "내일 밤 그거 알지? 좋은밤 편히들 자자." 내일 밤 그거 알지가 꽤나 우스운지 피식 피식 웃으면서 헤어진다.

다음날, 이른 저녁 해먹고 가이네들은 모여서 극장쪽으로 발길을 옮긴다. 모여서 걷는 발길이 신나서 뛰기도 하고 야~ 빨리 뛰어 자리도 없겠다. 자리야 있든 없든 선채로 스크린 넘어가는 화면만 봐도 좋으니 어서 뛰어.
이윽고 도착한 극장 안은 사람들이 꽤 많고 일찍 극장에 왔는데도 자리가 없다. 화면에 흠뻑 젖고 나니 마침내 막을 내린다. 집으로 돌아오는 발길이 착잡했다. 화면에 나온 첫 사랑에 이르지 못한 여선생님 불쌍해서였다.
가이네 1. 야~ 너네들 그 예쁜 여선생님 참 안됐더라.

가이네 2. 나는 여승이 된 여선생님 때문에 마음이 지금도 아파.

가이네 3. 그 학교에 둘 다 선생님이고 둘이 좋아하고는 돈 많은 아가씨가 둘이 좋아하는 남선생님한테 여우짓 하고 남선생님을 차지하고 결혼까지 하니 그 예쁜 여선생님이 눈물이 글썽글썽하고 남선생님과 함께 걸었던 가로수 길을 혼자 걸으면서 몸은 움추려들고 힘없이 걸어가는 그 여선생님 나는 울었다.

가이네 4. 네가 그리되면 난 미쳐버리지.

가이네 5. 산길 백리 수덕사에 밤은 깊은데 예쁜 여선생님은 외로운 절 산새에서 울고 또 우네. 가이네 5의 소리는 우수에 젖는다.

가이네 6. 그래서 수덕사 노래가 그 예쁜 여선생님이 지으셨는지 말끝을 흐린다.

가이네 7. 은별이도 오늘밤 우리와 같이 영화 봤으면 갠 펑펑 울거야. 갠 마음이 워낙 여리어서… 극장 안에서 펑펑 울면 사람들은 웃을거야. 내일 저녁 은희네 집 마당에서 잔치 열리겠구만.

송학동 동네는 집도 많고 사람들도 많다. 누구의 집이든 생일이든 결혼이든 그날 밤은 미리 전날 광우리에 음식을 가득 담고 막걸리는 통채로 은희네집 마당에 날라온다.

야들아! 우리 또 맛있는 음식 먹게 생겼구만~

가이네들은 영화관에서 본 화면에 나온 배우들 때문에 모두 서럽기 그지 없었으나 은별이집 친할아버지 생신이어서 은희네집 마당에 놓은 음식들이 눈에 왔다 갔다 한다. 갖가지 음식을 입에 넣을 생각에 가이네들은 조금 전 보다 모두 얼굴빛이 밝아진 채로 시컴한 골목길로 들어선다.

　가로등이 긴 골목을 벗어나야만 신작로가 나오고, 신작로에서 이백미터 떨어진 곳에 가로등 불빛이 희미한 채로 비치고 있다. 가로등이 없는 이 골목길은 혼자서는 도저히 갈수 없다. 담 옆쪽으로 이리병원 담벼락이 골목길 끝까지 있고 또 한쪽은 낮에는 엔진소리가 심하게 들리는 기계부속 만드는 창고가 길죽한 담벼락을 차지하고 아무튼 기분이 별로 좋지 않는 골목길이다.

　밤에 혼자서는 이 골목길을 갈수 없고 사키로나 돌아서 가야 한다. 가이네들은 입곱이니 그리 무섭지 않은 골목길인데 가이네들 손에 손잡고 중간쯤 왔을때 호랑이 울음소리가 난다. 금새 소름이 솟고 떨리는데 또 귀신울음소리에 병원옆 담이라 더욱 옴싹 소름이 끼얹는다. 걸음아 나 살려라. 뛰고 뛰는 일곱명 가이네들 혼비백산한 채 달린다. 신작로가 나오고 희미한 가로등 밑으로 모여든 가이네들은 옷고름도 풀리고 신발도 벗겨지고 제대로 신발 두짝을 신고 있는 가이네는 한명 뿐이다.

　소름끼치고 호랑이가 튀어나와 잡아먹는 그 무서운 골목길은 갈수 없고 맨발로 집으로 가야 한다. 폭발적인 숨을 몰아쉬고 또 기광고를 지나야 비로소 동네로 가야 한다. 기광고도 무섭다. 시커먼 옷을 입은 기차 하통(엔진기계)이 즐비하게 늘어져 있고 그 틈새로 겨우 돌아서면 또 기차 하통이 가로막고 있다.

　놀랜 가슴에 아직껏 맴도는데 기차 하통도(기차를 끌고가는 운전수가 운전하는 윗부분) 무섭고 여러개의 기차 하통을 거쳐서 기광고를 넘으면 동네도 보이고 마음이 가라앉는다. 얼마나 무서웠는지 신발을 잃어버린 일도 생각나지 않는다. 내일 날이 밝으면 친구들하고 모여서 찾으러 가기로 하고 덮었던 이불을 뒤집어 쓴채 잠이 깊이 든다.

그 다음날 아침밥을 먹고 은희네집으로 가이네들은 모여들었다. 아침햇살을 받은 가이네들은 아직껏 무서움이 깃들고 있다. 빨리 가서 무서운 호랑이가 나오는 골목길을 가서 신발을 찾고 싶어도 가이네들은 서로 눈치를 보고 있다. 이럴때는 그 개구쟁이 머이마들이라도 함께 했으면 하고 있었을 때이다. 대문 안으로 머이마들이 들어온다. 긴 나무막대기에다 신발 한개씩 꼽아들고 자지러지게 웃으면서 꼬쟁이에 매달린 신발을 꺼내어 가이네들 앞에 놓고 불이 나게 대문 밖으로 도망간다. 뿔이 잔뜩 오른 가이네들은 소근거린다.

오늘 저녁 동네 팔봉이 집에서 제사를 지내고 은희네 집 마당에 맛있는 밤찬(음식)이 오면 얄미운 머이마들은 한점도 주지 말고, 우리가 먼저 가서 모두 다 먹기로 약속한다. 밤이 빨리 왔으면 하고 입에 맛있는 침이 돈다.

이윽고 날은 차차 어두워지기 시작한다. 은희네집 마당에 빨리 가야 하는데 이날 저녁이 돌아왔는데도 가이네들은 집안일이 쉽게 끝나질 않아 늦게야 은희네집 마당에 갔다. 가이네들 보다 먼저 온 머이마들이 맛있는 산적도 부침게도 떡 식해도 다 먹고 능글맞게 웃고 있다. 광우리에 음식을 다 먹고 음식 접시만 들어 있다. 할아버지 할머니들은 접시에 음식들이 그득 했다. 이 머이마들이 우리 몫까지 다 먹어 치운샘인지 머이마들은 가이네들을 힐끗 힐끗 쳐다본다. 가이네들은 속상했으나 다음 코스에 보리싹 서리해다 구워먹자고 의논하고 자리를 뜬다.

은희네집에서 빠져나온 가이네들은 들녘에 심어 덜 익은 아직도 파란옷을 입은 보리이삭 우듬을 꺾어서 치마에 담는다. 발리치마에 담을 때 보리 싹을 가지런히 눕혀서 담아야지 헝크러지게 담으면 살갗에 꾹! 찔러 아프다. 늦은 저녁이라 임자도 없고 한 논에서 한주먹씩만큼만 뜯고 여러 논에서 뜯어야 보리심은 임자가 손해를 덜 본다. 설사 논임자가 보아도 아가씨들 장난으로 웃고 만다. 그래도 가이네들은 여러 논을 건너 한 주먹씩만 뜯어도 많이 모아진다. 보리타작이 끝나고 가이네들은 은희네집 마당으로 가야 한다. 보리타작 하러 갈 때도 그 길로 접어들어가야 한다. 보리를 심은 논 두렁을 지나 마늘을 심은 밭도 지나면 괘나무집 마당에 갈수 있다. 이제 밭도 지났으니 대나무 울타리 길로 들어선다.

가이네들 모두 대나무 울타리 골목길을 반쯤 왔을때 갑자기 (휙! 희이익 -) 이 소리에 가슴이 섬큼하다. 도깨비 소리다. 대나무 사이에서 불이 반짝 하다가 꺼지고 또 반짝!

희! 익! 이제 조금만 대나무 울타리를 건너가면 은희네집인데 도깨비불 때문에 겁이 나서 도저히 갈수 없어 뒤를 돌아보니 뒤에도 대나무 울타리에 도깨비불(옛날부터 집안에 대나무를 심으면 귀신이 붙는다고 전설로 내려오는데)이 붙었으니 귀신이 잡아땡기고 오금이 떨린 채로 가이네들은 처마에 담은 보리이삭을 흘린 채 달음박질쳐서 겨우 그 대나무 울타리를 빠져 나와 은희네집 마당에 도착한다.

가이네들은 할딱거리는 숨을 한참을 몰아쉰다. 새파랗게 질린 얼굴 표정들은 쉽게 가라앉질 않는다. 그대로 한참을 선채로 마음을 가라앉히고 나서야 자리에 앉는다. 그리고 밀짚을 태우고 난 재에 보리이삭을 얹어서 굽는다.

이때 머슴아들 끼들 끼들 웃으면서 가이네들이 떨쳐버린 보리이삭을 주워들고 와서 보리싹이 타고 있는 재 위에 얹는다. 아까 지나온 대나무 울타리에서 도깨비불이 비치고 울타리 위로 왔다 갔다 날아다니는 도깨비 불! 때문에 떨어뜨린 이삭이다. 머이마들은 킥킥 웃어대며 후랫시에다 까만 테이프로 가장자리를 붙인 후랫시를 가이네들한테 보여준다.

가이네들은 약이 오른채 입술을 질근 질근 깨물고 머이마들을 독하게 본다. 얄밉도록 미운 머이마들은 보리이삭 굽는 곳으로 가서 재를 젓고 보리이삭을 주워 손바닥에 놓고 비벼서 불어서 먹는다. 놓칠세라 가이네들도 다 타버린 재속을 파헤여 보리이삭을 꺼내어 손바닥에 놓고 싹싹 비벼서 후후 불어 재가 날아가고 파아란 알맹이가 남는다. 알맹이를 입안에 넣고 씹으면 물렁하고 고소하고 맛이 기막히다. 아침에 일어나 보면 얼굴도 입도 손도 시컴하다.

한편 은희네 아빠는 누구보다도 일찍 일어난다. 저녁이면 동네 분들이 모여서 모닥불 피워놓고 재미나게 놀다 가시는 어느분 누구에게도 따뜻한 마음으로 마당이 환희 비추는 전등도 손수 세워놓고 모두 다 돌아간 마당 쓰레기와 재를 깔끔히 치워준다. 재는 마당 텃밭에 심은 채소 옆 두렁을 내고 재를 넣고 흙으로 덮어주고 남은 재는 따로 뒤엄에 쌓으면 오래 놓아둘수록 농사짓는 거름으로 쓰인다. 동네에서 형편이 여의치 못한 가정에서 거름을 지게로 날라다 밭농사 거름으로 쓰고 논에도 거름으로 쓴다.

　민시아 남편 고종하씨는 송학동 십반 반장일을 맡아 하면서 어려운 가정에 쌀도 놓아주고 성심 성의껏 반 사람들을 도와준다. 심지어는 월급이 들어오는 날에는 돈을 떼어서 식품을 사 반 사람들에게 놓아주기도 한다. 여름철에는 모기약 연고도 사서 반 사람들에게 주기도 한다. 여름에는 모기가 많다. 유월 모기는 사람들을 물어 뜯는다.

　모기가 득실거리는 이때 갑자기 하늘에 뜬 비행기에서 불폭탄을 익삭면 기관고에다 퍼 붓는다. 수백명이 한꺼번에 불에 타 죽는다. 기관고에서 가까운 송학동 동네도 불폭탄을 맞아 집들이 모두 탄다. 바로 육이오 전쟁이 시작됐다. 전쟁 때문에 고종하씨 민시아의 남편은 헤어진다. 거듭 몇년이 흘러가도 만날수 없다. 가족을 찾으려고 무던히도 애썼지만 만날길이 없었다.

전북 익산시 이일여고

　　수희는 익산 이일여고 삼학년 재학중이다. 오전 두번째 쉬는 시간 종이 울리자 수희는 보던 책을 덮고 교실 밖 복도로 나와 창가에 기대선다. 하늘에서 비를 보냈는지 사방이 축축해 보였다. 그친 듯한 비가 가랑비로 날리고 있다. 수희는 젖어있는 하늘 저쪽을 한없이 바라본다.
　　검게 보이는 구름 속에서 새하얀 구름이 둥글게 퍼지고 그 속에서 예쁜 옷을 입은 은희언니가 보였다. 슬픔을 먹은 얼굴이었다. 그런데 은희언니가 수희를 부른다.

　　수희야!
　　수희야!

　　수희는 얼떨결에 놀라고 다시 눈을 크게 뜨고 더욱 구름 속을 보았다. 새하얀 구름도 없어지고 시커먼 구름이 많이 보인다. 보고 싶은 언니에 대한 착각인것 같다. 수희의 눈에는 눈물이 고였고 언니가 사라져 버린 먼 하늘을 보며 입을 열고 노래를 부르기 시작한다. 고음으로 높이 부르는 음성은 하늘을 찌르고 - 각 반 학생들이 뛰어 나오면서 와! 왓! 소리 지르면서 수희쪽으로 달려든다.
 - 애조 - 의 슬픔 곡을 들으신 박영권 음악 선생님께서도 수희 옆으로 급히 오신다.
 하늘에서 떨어진 음성!
 신이 보낸 음성!
 이날부터 이일여고 전체를 수희의 음성으로 감돌았다.

성악공부

박영권 음악 선생님은 학교 수업이 끝나고 토요일 일찍이 서울에 올라가 음대 교수님을 만나 레슨 받기를 권하고 전화번호도 수희 손에 주었다. 집에서 챙겨준 왕복 차비 레슨비 십만원 하루를 먹을 수 있는 식비 모두 합하면 큰돈을 매주 네 번을 주시고 꼭 십개월을 레슨 받았다.

박영권 선생님께서는 성대를 아끼라고 말소리도 작게 하라고 하셨다. 박영권 선생님은 고마운 분이시다.

집에서는 수희의 성악공부에 도움주려고 소리가 맑게 나는 삼익 피아노도 비싼 돈으로 사주어서 수희는 집에서 피아노 치며 노래도 부르고 열심히 노력했다.

서울 이화여자대학 음대 성악시험 그날!

수희는 음대 성악시험이 내일인데도 가슴이 두근거렸다. 어머니하고 서울 이화여대 시험장을 함께 가기로 하고 이날 밤 이른 새벽 기차를 타고 서울역에 도착했다. 역안에 있는 식당에서 가볍게 아침 식사를 하고 택시를 타고 이화여대 운동장 정문에서 내렸다.

아침 일찍부터 운동장 안에는 사람들이 그득했다. 어머니가 준비해 온 우황청심환을 꺼내어 수희에게 주었다. 씹어서 먹고 물도 조금 마셨다. 두근 두근 한 가슴이 가라앉는듯 했다.
이윽고!
교수님이 음대성악 프랑카드 기를 들고 나오셨고, 여기저기서 음대 성악 수험생들이 줄지어 모이고 모인 수험생들은 대기실 교실로 들어간다. 수희의 차례는 일곱 번째로 성악 시험 보는 교실로 들어갔다.

왜! 이렇게 긴장이 되는지 - 긴장한 채로 반주에 박자를 맞추고 노래를 끝까지 불렀다.
시험관의 말… 박자 한 점을 놓쳤습니다.

수희는 시험관의 말이 온몸에 소름이 끼치고 무서웠다.

이날!
오후 벽보에 수희의 이름은 없었다. 수희는 한없이 울었다. 이제는 서울 이화여대 성악과에는 다시는 갈수 없고 세상이 쓸쓸해 보였다. 수희는 한없이 울었다.

강남 뱅뱅 사거리에서 조금 들어가 살고 있는 큰집은 부자다. 이때 당시 돈은 원이었던 시절이다. 누가 돈을 가진 자는 종이에 불과하고 물건을 가진 자만이 살수 있다고 소문을 내 순식간에 이 소문이 사람들 귀에 들리고 상점들은 하나도 빠짐없이 문을 닫고 돈을 갖고도 물건을 살수 없었다.

.

이 무렵 서울에 살고 있는 큰집은 작은 포목(비단) 상점을 하고 있었고 큰집만이 포목점 문을 열고 비단을 팔고 있었다. 포목상점으로 사람들이 물밀듯이 몰려들었고, 하루 종일 판돈을 은행에 입금시켰다. 이후! 얼마 안돼서 돈은 환으로 바꾸었고 환으로 바꾼 돈을 은행에서 찾아다 집을 사고 많은 돈은 여러채의 집에다 투자했다. 집은 두 배로 오르고 집을 판 돈은 재산이 불어나서 큰집은 부자다. 수희가 음대 성악과에 합격하면 등록금 그 외 입을 의상도 모든 면을 도와 학교를 보내기로 했다. 수희는 큰집에도 미안하고 마음이 허탈했다.

익산 봉동 백제예술대학

익산 봉동 백제예술대학 시험은 날자가 남아 있었고 수희는 익산 봉동백제예술대학 시험을 합격했다.

수희는 백제예술대학에 들어가 공부를 시작했다. 집에서 예술대학과 거리는 꽤나 먼 거리였다. 자가 운전할 수 있는 차도 없고 근처에서 원룸생활을 하였다. 원룸방에서 키보드 누르고 마우스 흔들다 잠이 들곤 한다.

백제예술대학 학생들은 집이 부자라서 돈이 많아서인지 수업시간 끝나기 무섭게 술집에 들어가 술 마시고 담배 피우고 떠들고 밤이 깊도록 학교 주변 술집들이 떠들썩하다. 학교 입구에서 부터 양 가로수 길목에는 고급 승용차가 정문 앞까지 줄지어 늘어서 있다.

수희한테 한달에 한번씩 토요일이면 차를 몰고 학교까지 오는 젊은 남성이 있었다. 수희를 만나 캠퍼스가 잘 짜여진 동산에 올라가 기타도 쳐주고 어느땐 악코디언도 켜준다. 그런가 하면 꽃도 선물해 준다.

젊은 남자는 수희한테 무던히도 치근덕 거리지만 수희는 말없이 웃기만 한다.

결혼

수희는 예술대학을 졸업하고 나서 젊은남자와 결혼을 하였다. 결혼한 남편은 착하고 예쁜 당신만을 사랑한다고 말해놓고선 자식을 삼형제나 낳고 키우도록 집안 일에는 개념이 없다.

수희는 남편이 주는 생활비가 턱없이 모자랐다. 하는수 없이 자식 삼형제를 데리고 친정집으로 들어가 산다. 친정집에서는 많이 도와 주었다. 남편은 어쩌다 한번 쯤 집에 올 뿐이다. 이런 와중에도 수희는 남편에 대한 험담하는 일은 전혀 없었다.

수희아버지(고종하) 상봉

어느 날 갑자기 육이오때 헤어졌던 아버지가 민시아 집에 찾아온다. 민시아는 남편을 본 순간 깜짝! 놀라고 반기며 운다. 민시아는 남편들 붙들고 안으로 들어간다. 수희는 울고 눈물반 기쁨반 반갑기 그지 없다.

고종하 - 난! 우리 가족을 찾으려고 무던히도 애쓰고 하던차 길에서 육이오때 헤어진 친한 친구를 만나 그 친구한테 우리 가족이 살아 있다고 듣고 천만번 다행으로 가족을 이제사 쉽게 찾을 수 있으니 한없이 기쁘구나!

아버지 친구는 용달차에 건어물을 싣고 동네를 다니면서 장사하던 중 송학동 동네 신작로에서 고종하씨 부인 민시아가 건어물 사려고 나와서 만났다고 하였다.

어느 날 우연히 길에서 고종하씨와 친구분이 만났고 둘이는 기뻐서 서로 손잡고 대포집에 들린 적이 있다고 했다. 고종하씨는 친구분 덕으로 가족을 만났으니 친구한테 고마워했다. 고종하씨는 은희의 죽음을 알고 크게 놀랜다. 눈물을 줄줄 흘리신다.

고종하씨의 말 - 송학동 집은 불에 타고 나중엔 공터로 있다가 시에서 큰 길을 넓히면서 보상을 받았다고 하셨다. 집도 크고 대지 평수도 넓고 해서 굉장히 큰 돈을 받아 가족을 찾으면 긴요하게 쓰려고 은행에 맡겼다고 하였다.

교통사고

　수희는 한밤중에 남편의 교통사고 소식을 듣는다. 대형 캠프차가 남편의 작은 승용차를 들이받았으니 대형사고로 그날 밤 남편은 하늘나라에 가셨다. 객지를 떠돌며 행상하듯이 악코디언 켜고 노래 부르고 술 좋아하고 여자 좋아하고 팁으로 받은 돈 얼마 안되니 수희한테 매번 미안하다고 하는 말도 이제는 들을 수 없게 되었다.

　수희는 이때부터 일선에 나가 식당일을 하고 돈을 더 받는 주식회사 하림에도 취직하고 또 익산시청에 가서 밀린서류도 정리해 주면서 수고비를 많이 받았다. 가정에 보태고도 남은 돈은 저축도 했다.
　어느날 - 소프라노 조수미씨가 독창 연주회를 여는 십만원이나 되는 관람 티켓을 한 동네에 살고 있는 여고 동창생한테서 무료로 받았다. 장소는 서울 예술의전당 수희는 성악을 좋아해서인지 마음이 천재적인 성악가 조수미씨한테 가 있다. 조금 늦은듯한 발걸음을 재촉하고 전철에서 내려 버스를 탔다.

　예술의전당 앞에서 차는 섰고 수희는 급히 내려 전당 문을 밀고 안으로 들어섰다. 퍽이나 많은 사람들로 꽉 차 있었다. 화려한 조명은 무대를 감싸고 귀엽도록 예쁜 옷을 입은 조수미씨가 무대에 나와 인사를 한다.

사람들의 박수는 굉장한 소음을 낸다. 조수미씨의 소프라노는 사람들의 심장을 파고든다. 기립박수는 연속이고 수희는 조수미씨가 한없이 부러웠다. 수희는 소프라노 조수미씨를 가슴에 묻고 여운을 남기면서 익산 집으로 돌아왔다.

수희는 느끼는게 있었다. 화려한 의상을 걸치고 무대에 선 조수미씨처럼은 아니더라도 다소나마 하찮은 무대라도 서 봤으면 했다. 여고시절에 서울로 올라가 레슨 받았던 음대 교수님 생각이 났다. 서랍장을 뒤져 음대 교수님 명함을 손에 들고 교수님께 전화를 했다. 뜻밖에 교수님 음성이 들렸다. 수희는 몹시 반가웠다.

음대 교수님과 통화

수희 - 음대 교수님께 레슨 받고 음대 시험 보려고 전화 드렸습니다. 레슨비를 미리서 보내 드리려고 합니다. 통장계좌에 구월 시월 십이월까지 보내겠습니다.

음대 교수님 - 음대를 보내줄테니 구백만원을 말하였다.

수희는 일시에 구백만원을 교수님 통장으로 보냈다. 수희의 마음은 들떠 있다. 교수님께서 음대를 보내준다니 교수님의 인품이 존경스럽도록 고마웠다. 수희는 무조건 친정아버지께 자식 삼형제를 돌봐주기를 원하고 서울로 상경해 버린다.

쓰레기 직장

서울에 올라온 수희는 음대 교수님을 쉽게 만났고 대번에 직장에 취직시켜 주었다. 음대 교수님이 취직 시켜준 장소는 남양주 전철역에서 가까운 큰 건물 지하 산더미처럼 쌓인 쓰레기 치우는 일이다. 벌레가 득실거리고 썩은 쓰레기에서는 악취가 심하게 나고 심한 악취에 기침까지 나온다.

교수님 - 지하 관계자 분이 시키는대로 쓰레기를 다 치워야 한다고 말을 한다. 그리고 쓰레기를 다 치우고 나면 오는 새학기 오기 전에 수희를 데리러 온다고 약속하고 음대 교수는 수희와 헤어진다. 수희는 걱정이 태산 같았다. 이 많은 쓰레기를 치우자니 앞이 캄캄했다. 온갖 잡종 쓰레기의 썩은 냄새, 게다가 엄청 큰 광고판, 썩어버린 책상, 의자, 박스, 녹슨 철판, 음식물 찌꺼기…. 두 번 다시 해서는 안되는 직장 싫다고 그만 둘 수도 없는 이 쓰레기 치우는 일이지만 숙명처럼 받아들였다. 손에 고무장갑을 끼고 발에는 장화를 신고 썩은 잡종이를 들출때 마다 바퀴벌레, 굼벵이가 득실득실하게 올라온다. 큰 마다리 푸대에 담아 한쪽에 모아 둔다. 쓰레기차가 일주일에 한번씩 들어와 모아둔 쓰레기 푸대를 가져간다.

밤 열시가 넘으면 그날의 일을 마치고 남양주에서 전철 타고 군자역에서 하차하여 광진구 중곡 2동에 사시는 어머니 집으로 간다. 지친 몸으로 어머니께서 차려주신 늦은 저녁을 먹고 겨우 네 시간 좀 자고 나서 새벽에 전철을 타고 남양주 주암역 쓰레기 직장으로 간다. 쓰레기 직장까지 가고 오는데 하루 다섯 시간을 소비한다.

쓰레기를 치운지 한달이 되니 한달의 월급이 나왔다. 쓰레기차 관계자는 한달에 이백만원을 주기로 해 놓고선 일백오십만원을 주고 오십만원은 일이 끝날때 준다고 한다. 수희는 음대를 가면 드는 돈이 많으므로 이 작은 돈이라도 모으기로 결심하고 심한 악취 냄새에 기침까지 심하게 하면서도 지난번 한달 하고 이번이 두 달째다.

두 달째는 아예 월급도 주지 않고 다음 달로 미룬다. 참으로 별난 쓰레기 직장이지만 참고 쓰레기를 치우니 신었던 장화가 공기를 통하지 않아 양 발톱에 무좀도 생기고 살갗 위에는 물집도 나고 터뜨리면 쓰리고 아프다.
삼개월이 되었다. 쓰레기 직장 관계자는 이번 달에도 돈이 어디에서 들어와야 월급을 준다고 또 미룬다. 수희는 교수님께서 시키는대로 일을 하라고 하였기에 바보처럼 또 쓰레기를 치우고 사개월째는 지하가 말끔해졌다. 사개월째는 월급도 주지 않고 집에 가 있으면 보내 준다고 한다.

노동청에 신고해서 밀린 월급을 모두 받고 싶었으나 쓰레기 직장 관계자하고 교수님의 어떠한 사이가 있을것 같기에 생각으로 그치었다. 사개월 동안의 월급은 팔백만원에서 겨우 백만원 받았으니 칠백만원을 한꺼번에 주었으면 하는 간절한 마음이다.

밤 늦게 쓰레기 직장에서 밖으로 나와 남양주 전철역 안으로 들어갔다. 밤이 깊어서인지 역 안에는 사람이 없었다. 덩그러니 놓여 있는 한 의자에 수희는 앉았다. 쓰레기 직장에서 점심으로 주는 라면 한사발을 먹고 이때금 굶었다. 허기진 배 속상한 마음 눈꺼풀이 내려앉는다. 잠이 든다.

이때! 잠든 수희를 전철역 직원이 흔들어 깨우면서 막차도 떠났고 문 닫을 시간이니 밖으로 나가라고 한다. 행길 밖으로 나온 수희는 주위가 음산하고 무서웠다. 길가에 저만치 선 가로등이 희미하게 보일 뿐이다.

오늘 이른 아침에 어머니가 전철이 끊어지면 찜질방에라도 가서 자라고 준 돈 삼만원이 주머니에서 잠자고 있다. 길은 낯설고 찜질방을 물어볼 길가는 행인도 없고 난처했을 때 길 위쪽으로 불빛이 보였고 그 불빛은 수희 앞으로 와서 멈춘다.

경찰관 두 분이 탄 경찰차였다. 수희는 경찰차에 인사를 하고 찜질방을 물었다. 수희를 태운 경찰차는 지하철 역에서 가까운 찜질방 문 앞에 수희를 내려주고 차는 가버린다. 찜질방 도어를 밀고 안으로 들어서자 훈훈하고 따스한 온기가 몸안에 베였다. 카운터에 찜질방비를 주니 찜질복하고 수건을 준다. 찜질방 안 숙소로 들어갔다.

남양주 찜질방 사건

 찜질방 매점에서 컵라면을 사서 먹고 나니 허기가 가시었다. 군자역 중곡동 집에서 어머니가 수희한테 여러번 전화가 왔지만 무어라 말을 할수 없어서 받질 않았다. 수희는 찜질방에서 잠이 든 걸로 어머니를 안심시켰다. 자식들 낳으때마다 산후조리원비를 주셨고, 갓 낳을때 부터 삼형제를 키우셨다. 어머니의 고마우신 그 공을 갚을수는 없었다.

 오늘밤 이 시간에도 어머니가 주신 돈이 있었기에 다행이었다. 자리에 눕고 싶었으나 빈자리가 없다. 겨우 찾은 자리는 늙어보이는 남자 세명하고 잔뜩 취해 보이는 오십대 여자하고 지금껏 술판을 버리고 있었다. 술취한 여자 옆쪽으로 자리가 비어 있었다. 그 자리에는 얇은 이불이 있었고 수희는 얇은 이불을 머리에서 발 끝까지 덮고 잠이 들었다.
 갑자기! 수희의 이불이 홀렁 벗겨진다. 순간 언굴을 사납게 할퀸다. 눈알이 깊숙이 파이고 얼굴이 사납게 화끈거린다. 얼굴을 두 손으로 감싸 쥐고 자리에서 벌떡 일어났다. 손바닥으로 진한 피가 쏟아지고 피가 떨어진다. 사람들이 놀라고 수희쪽으로 모인다.

수희의 얼굴에 피범벅이 된 것을 본 사람들은 경찰에 신고하라고 소리 지른다. 매점 주인이 급히 와서 경찰에 신고한다. 수희를 놀랜 눈으로 지켜본 나이드신 아주머니가 지금 일어난 사건의 말을 한다.

아주머니 - 나도 저 못된 여자가 술먹고 희덕거리는 소리에 잠이 안와서 잠자리에 누워 눈을 뜨고 있었지요. 술취한 여자는 자기 옆에 자고 있는 분 이불을 홀렁 벗기고 잠자지 말고 술먹자고 화나게 말하고 두손 손톱으로 얼굴을 사정없이 할퀴었습니다. 곧 경찰 두 분이 급히 왔고 씩씩거리는 여자를 붙들고 끌어내려고 했으나 술이 몽땅 취해버린 여자는 경찰의 손등을 물어 뜯는다. 물어뜯고 경찰의 손에서 빠져나려고 발버둥 친다. 화난 경찰은 수갑을 꺼내며 발버둥 치는 여자 두 손목에 수갑을 채운다. 여자는 경찰에 끌어나가면서도 악한 욕을 한다.

이날밤!

경찰은 수희를 경찰차에 태우고 야간병원으로 데려다 준다. 수희의 얼굴에 피범벅이 되고 상처난 손톱자국에 의사는 놀랜다.

의사 - 우리 병원에서는 안되니 강남 성형외과를 가라고 재촉한다. 군자동에 있는 어머니한테 전화를 했다. 전철로 두시간 넘게 타고 온 어머니는 수희을 얼굴을 보자 자지러지게 놀랜다. 어머니와 함께 약국에 온 수희는 약사에게 얼굴을 보였다. 약사는 약가위 연고 파스를 주면서 상처난 곳에 연고를 바르고 파스를 바르도록 했다.

음대 교수님은 단 한번도 오지를 않는다. 지하 곰팡이 냄새를 막기 위해 마스크를 쓰고 오직 새학기에 기대를 걸고 이를 악물고 고약한 쓰레기를 깨끗이 치우고 나니 새학기가 가까이 왔다. 걱정도 되고 교수님게 전화를 했다.

"이 번호는 없는 번호입니다."

수희는 잘못 들은것 같아 다시 전화를 했다. 같은 대답이다. 갑자기 땀이 빙빙 돈다. 행여나 하고 쓰레기 직장에도 전화를 했으나 써늘한 대답 뿐이다. 돈 구백만원 때문에 거짓의 옷을 입고 자취를 감춘 음대 교수님의 행방을 알길이 없다. 경찰과 헤어지면서…

경찰 - 내일 전화를 해보라고 경찰이 근무하는 파출소 전화번호에 전화를 했지만 - 파출소에서도 어제밤 그 여자는 떠돌이 미치광이라서 치료비를 받을 수 없다고 한다. 얼굴이 간판인데 돈이 없어서 강남 성형외과를 갈수 없었다.

꿈은 사라지고……

쓰레기 직장에서 독한 악취 냄새가 입속으로 들어와 독한 기침에 피까지 섞여 나온다. 폐가 나빠진 것 같아서 병원에 가서 진찰을 받고 싶었으나 폐병이면 무수히 들어가는 돈이 없으니 병원은 가 본 일이 없었다.

빗속의 여인

　수희는 우산도 받지 않은 채 떨어지는 비를 맞으며 남편의 산소로 발길을 옮긴다. 지치고 힘없이 걸어와 남편의 무덤 앞에 엎드린 채 운다. 불쌍한 자식들 삼형제가 눈물 속에 어른거린다.
　수희 - 아버지 이 못난 딸을 용서해 주세요. 넘어오는 각혈을 손으로 막으면서 죽는다.

　이날 동네 주민이 경찰에 신고했고 경찰이 수희의 죽음을 조사해 갔다. 이튿날! 흐르는 강물 위에 배 한척이 떠 있다. 삼형제는 엄마의 분모를 강물에 띄우면서 엄마를 부르짖는다. 삼형제의 울음소리는 산도 울고 바다도 운다. 쏟아지는 비는 그칠 줄 모른다. 이후, 삼형제는 외롭지 않다. 외할아버지와 외할머니께서 비호(감싸고 보호함)를 하시니 삼형제는 학교도 성실히 다니고 무럭무럭 성인이 되어 간다.

15년 -

　삼형제 중 제일 맏형 윤진이는 군대도 갔다 왔고 대학도 졸업하고 대기업의 직원이 되었다. 전망이 밝은 게임을 만드는 직업이다. 윤진이는 실력이 있고, 직원을 뽑는 면접도 하고(회사 미래책임자 일번) 명함도 있고 이 와중에 예쁘고 착한 처녀와 결혼해서 두 아이를 낳았다. 아직은 어린 네살퀀 아들 지훈이고 딸은 두살 된 지혜다.

　윤진이는 얼마 전 대만에 가서 현재는 게임회사에 근무중이다. 둘째 윤수도 여수 여천공단(삼성재단) 현재는 생산직 직원으로 일하며, 참한 색시와 결혼해서 부인이 임신 중이다. 또 셋째 윤우도 여수 여천진흥공단 사무실에서 사무직을 맡고 있다.
　윤우도 좋은 배필을 만나 일간에 결혼하고 신혼여행을 해외로 떠났다.

기여로期旅路

온갖 고생을 하면서 삼형제를 키우신 외할아버지와 외할머니도 훌쩍 늙으셨다. 집에는 두 노인네 뿐이다.

어느날!
할멈 - 여보! 영감! 우리가 삼형제를 키우면서 펜티가 헤지면 깁고 (떨어지면) 또 헤지면 깁고 하던 펜티는 버립시다. 이제는 우리가 삼형제한테 해야 할 일을 다 했으니 시장 상점에 가서 새 펜티를 사 입읍시다.
이윽고 - 노부부는 지팡이를 짚고 길을 나섰다.

할멈 - 여보! 영감! 시장 상점 가는 길초에 살고 있는 달덩이처럼 예쁜 손자 손주 집에 들릅시다.
노부부는 마침내 손자 손주집 문을 열고 안으로 들어갔다. 손자 손주가 방바닥에 엎드린 채 흰 종이에 무엇을 그리다 말고 급히 일어나 할아버지와 할머니에게 꾸벅! 절을 하고 다시 방바닥에 엎드린 채 손자는 그리고 손주는 그림에 손을 짚은 채 뚫어지게 바라본다.
할아버지는 호기심 가득 옆으로 다가가 그림을 보았다.(둥그런 상자에 꽃모양을 한 피자 그림이다) 피자 상자를 쥐고 서 있는 사람은 아빠라고 써있다.

   큰 손자 윤진이는 어려서 부터 돈을 아낀다. 꼭 필요한 물건을 사야 하지만 할아버지나 할머니께 전혀 말을 하지 않는다. 학교 길에 먹거리가 있으면 학생들 입 쳐다보지 말고 사 먹으라고 집에서 용돈을 준다. 윤진이는 돈을 쓰지 않고 저축을 한다. 대학교 입학때도 등록금을 윤진이가 모은 돈으로 입금시켰다. 지난 시절 초등학교 입학 때 일학년 가방을 집에서 사주고는 학년이 올라가도 가방을 다시 사준 일이 없었다.

   초등학교 오학년때의 일이다.
   막내 윤우 - 형은 왜? 매일 아침 밥도 굶고 이른 아침에 학교에 가느냐고? 했다.
   큰형 윤진 - 가방이 일학년 가방이고 그림도 어린 그림이고, 학생들 보다 먼저 가서 가방을 책상 밑에 엎어놓으면 모르지 =
   막내 윤우 - 끝날때는?
   큰형 윤진 - 제일 늦게 나오면 모르지 -
   할아버지는 큰 손자 윤진이가 어려서부터 속 깊고 기특한 큰 손자가 할아버지의 마음을 든든하게 채워주었다. 할아버지는 새 펜티 살 돈을 손자 손주에게 주었다.

   기여로
   새 펜티를 가슴에 둗고 기여로(먼길) 먼 길을 간다.
   하루가 시작되는 태양은 또 다시 떠오른다.

펜티 후기

따뜻한 밥 한 그릇은 영원히 식지 않는다.
여섯살, 아홉살 먹은 남자 아이둘이 있었고, 두 형제가 있는 집으로 재혼을 했다. 두 자식은 아직 나이가 어리고, 인물도 잘 생기고, 계모인 엄마를 무척 좋아했다. 물론 나도 한없이 좋아했다. 자식을 엄마 배속에서 나올때의 통증은 신발을 거꾸로 신고 저 세상으로 가는 생사의 일이었고, 지금 시대야 주사 놓고 작은 통증, 그리고 산모와 아기들을 정성껏 챙겨주는 조리원도 있고, 이 편한 세상에 더 편해지려고, 독신으로 살려고 기를 쓰고, 정부는 인구가 줄어드는 게 안타까워 식구 늘려보려고 안간힘으로 노력하고 정부가 이기냐! 독신자가 이기냐! 줄 당기기를 하고, 나라가 부강해지려면 독신자가 그 줄을 놓기를 바란다.

아기가 세상 밖으로 나올 때 까지는 열달이고, 밖으로 나온 어린양을 보살피고 똥기저귀 갈아 채우고, 로숀 발라주고, 아기 빨래는 어른들 옷에 섞이지 않도록 조심하고 목욕시키고 모유나 우유 먹이고 온통 하루를 보내는 참으로 좋은 직장…
나는 이 직장이 힘들구나. 물론 아기는 예쁘지만…

일곱살, 아홉살 두 형제가 하늘이 보내 주셔서 예쁘고 귀엽고 밥먹는 입도 이쁘고, 과자먹기 전에 엄마 입속으로 먼저 넣어 주고, 어랑둘이는 큰 횡재였다. 집안이 화목하고 웃고 맛있는 반찬에다 고기도 먹고 밥그릇은 언제나 따숩고 갑자기 이 행복이 송두리째 가버리는 일이 있었습니다.

연탄불은 꺼지고 차디찬 방바닥에 피만 흘리고 세월을 먹고 사는 두 형제의 계모는 자식들에게도 따뜻한 밥 한그릇 지어준 일이 없었다. 두 형제는 이층에서 살아야 했고, 가건물 방에는 겨울철 설새없이 들어오는 찬바람이 있었고, 피만 흘리는 몸은 나을길 없고, 끝이 없는 세월은 가고, 슬프게 자란 두 형제중 큰아들은 순천 기계공고에 합격해서 집을 떠났고, 작은아들은 여수남고에 다닌다.

집을 떠난 큰아들은 전화기 속에서 엄마! 몸은 어떠냐고 물었고, 둘째아들은 아침에 일어나 책가방 챙기고 옷 입기도 바쁜데 저자 바구니(대로 만든 끈이 길게 달린 바구니) 들고 시장에 가서 아빠가 준 작은 돈으로 쌀 한 되 사고, 김치 한 봉 사서 물품 산 바구니 옆에 끼고 집으로 들어와 부산하게 밥 지어 아들… "엄마! 이 밥 다 먹어요." 수북이 푼 밥그릇을 내 앞에 놓고 수저 들어 내 손에 쥐어준다. 아주 적게 뜬 아들의 밥그릇… 이때의 쌀 한 되는 작은 네모 반듯한 되로 싹 깎아서 그 양은 조금이다. 아빠가 드실 밥 한 그릇은 퍼서 이불속에 넣고 엄마 밥 많이 먹으라고 밥그릇에 수북이 푸고, 아들은 밥이 적어서 세 번 뜨는 밥 수저에 밥그릇이었으니 지상 어떤 애미가 세수저의 식은밥에 아들 볼까봐 눈물을 삼키고…

아들! 이 밥은 우리 아들이 먹어야지! 아들! 엄마가 밥을 먹지 않으면 나도 안 먹겠다고 하니 아들은 책가방 들고 문밖으로 급히 나간다.

사랑하는 내 아들이 준 수북이 퍼준 밥!

이 밥은 영원히 식지 않는다.

사랑하는 아드님! 고맙습니다.

글을 간추려서 쓰고 싶지만 눈이 어두우니 그저 동봉합니다. 병원에 가보니 황변성 진단이고 세계 어느 의사님도 수술할 수 없고 황변성이 정지 되도록 조석으로 길게 먹는 약을 처방해 주시고 현재의 시력은 20% 실명할 눈을 조금이라도 건졌으니 다행입니다. 시력에 맞춘 안경도 쓰나 안쓰나 보이는 것은 마찬가지입니다.